古代歷史文化 研究輯刊

十六編

王明蓀 主編

第 21 冊

花樣百出
——花與清代飲食文化

許馨文 著

國家圖書館出版品預行編目資料

花樣百出——花與清代飲食文化／許馨文 著 — 初版 — 新北市：花木蘭文化出版社，2016〔民105〕

目 2+136 面；19×26 公分

（古代歷史文化研究輯刊 十六編：第21冊）

ISBN 978-986-404-766-6（精裝）

1. 飲食風俗 2. 花卉 3. 清代

618　　　　　　　　　　　　　　　　105014273

ISBN-978-986-404-766-6

古代歷史文化研究輯刊
十六編　第二一冊　　　　　　ISBN：978-986-404-766-6

花樣百出——花與清代飲食文化

作　　　者　許馨文
主　　　編　王明蓀
總 編 輯　杜潔祥
副總編輯　楊嘉樂
編　　　輯　許郁翎、王筑　美術編輯　陳逸婷
出　　　版　花木蘭文化出版社
社　　　長　高小娟
聯絡地址　235 新北市中和區中安街七二號十三樓
　　　　　　電話：02-2923-1455／傳真：02-2923-1452
網　　　址　http://www.huamulan.tw 信箱 hml 810518@gmail.com
印　　　刷　普羅文化出版廣告事業
初　　　版　2016 年 9 月
全書字數　122886 字
定　　　價　十六編 35 冊（精裝）台幣 68,000 元　　　版權所有·請勿翻印

花樣百出
——花與清代飲食文化

許馨文　著

作者簡介

許馨文，1983 年生，高雄市人。輔仁大學歷史學系學士、國立中央大學歷史研究所碩士。專長為清代飲食文化史。

提　　要

　　花，以其賞心悅目、繽紛秀麗的外表，為自然界中主要觀賞植物之一。自古以來，騷人墨客便以大量的文學和藝術作品，來表達對花的崇拜和欣賞；也將其各式各樣的生長方式、外型特色等，與品德發展相互聯繫，形成了君子待人處世、出處進退的規範標準及理想目標。

　　然而，花除了觀賞價值外，亦有其實用價值。古代人們對於花的認識，最初來自於「飲食功能」，從祭獻神靈的祭品，及帝王賞賜功臣的禮物，至宋代時已成為常見的料理形式。直至清代，花材料理的數量、品質和種類，都已達到成熟完備的境界。而這樣的成果，是奠基於歷代的發展、愛花風氣的鼓舞，以及文人的提倡，才得以形成燦爛的花材飲食文化。

　　而從食材挑選、烹調原則、飲食氛圍及養生食補觀念等特點，顯示花材料理有著獨樹一格的食用方式。且因為食用對象和情境的不同，更在清代社會文化中，呈現了多樣化的風貌，形成中國飲食史中，別具特色的一門學問。

目

次

緒　論

一、研究動機

　　花，是大自然中尋常可見的審美對象之一，集形、色、香於一體，以其優雅的姿態、醉人的芬芳博得人們的青睞，融入於人類生活與文化，於科學及人文研究領域中皆佔有一席之地。

　　普遍而言，「觀賞性」是花的主要價值，但事實上其「實用性」也非常重要。本書探討的主題，即著重於花的「食用」價值，並將可食用的花卉稱爲「花材」，烹調而成的相關飲食稱作「花材料理」。首先簡述發展歷程，如史料映證、歷代烹調方式及理論的演變，進而以清代爲研究中心，深入探討「以花入饌」的飲食文化。

　　以花爲食的歷史甚爲悠久，《呂氏春秋・本味》中記載，商代伊尹（1648B.C.～1549 B.C.）向湯王（？～1646B.C.）表達治世理念時說道：「菜之美者：崑崙之蘋，壽木之華」。〔註1〕華，即「花」的古字，在古代的飲食觀中，花屬於可食用的蔬菜類。屈原（340 B.C.～278B.C.）〈離騷〉云：「朝飲木蘭之墜露兮，夕餐秋菊之落英」。〔註2〕〈九歌〉中亦有「蕙肴蒸兮蘭藉，奠桂酒兮椒漿」等句。〔註3〕兩漢魏晉時，人們多以菊花、蘭花釀酒。唐代詩文中也常

〔註1〕（戰國）呂不韋，《呂氏春秋》（台北：暢談國際文化事業出版社，2003年），頁140。

〔註2〕（戰國）屈原，〈離騷〉。收錄於吳平，《楚辭文獻集成》（揚州：廣陵書社，2008年），頁2284。

〔註3〕（戰國）屈原，〈九歌〉。收錄於吳平，《楚辭文獻集成》（揚州：廣陵書社，2008年），頁2377。

見以花入饌的描述，例如魏徵（580～643）〈五郊樂章・雍和〉：「苾苾蘭羞，芬芬桂醑」，〔註4〕提到以蘭花作爲美饌，桂花釀製的美酒來舉行祭典。李嶠（645～714）〈九日應制得歡字〉則提到，菊花酒爲重陽佳節中最爲應景之飲品：「令節三秋晚，重陽九日歡。仙杯還泛菊，寶饌且調蘭」。〔註5〕

宋代時出現了相關飲食書籍。林洪《山家清供》中首次記載了以花爲主食及配料的料理方式，〔註6〕採用的花材種類極多，烹調方法也較以往豐富。此食譜被收錄於明代《遵生八箋》、〔註7〕清代《養小錄》等食譜中，〔註8〕可見其影響之大。

明清以來，發展出「文人化食譜」，〔註9〕高舉著「養生」與「遵生」觀念的旗幟，檢討當時社會中過份奢侈的飲食習慣，推崇「節制」、「戒殺茹素」。龍遵敘認爲「若蔬食菜羹，則腸胃清虛，無渣無穢，是可以養神也。」〔註10〕高濂（1573～1620）亦云：「茹素，則口清而腸胃厚」，〔註11〕認爲吃素不但能使人心存向善，亦可使腸胃強壯。在文人的大力推崇下，蔬食的地位大爲提高，無形中也讓同作爲蔬菜之用的花卉更加受到喜愛。

受到了明代飲食思想的影響，部份清代文人也提出「重蔬食」的理念，並更加發揚光大。李漁（1610～1680）認爲「膾不如肉，肉不如蔬」，〔註12〕蔬菜之所以能勝過於大魚大肉，原因在於「鮮」：「論蔬食之美者，曰清，曰潔，曰芳馥，曰鬆脆而已矣。不知其至美所在，能居肉食之上者，只在一字之『鮮』。」〔註13〕他也批判了當時奢侈無度的飲食風氣，認爲飲食應當「崇

〔註4〕（唐）魏徵，〈五郊樂章・雍和〉。收錄於彭定求等編，《全唐詩》，第一冊（河南：中州古籍出版社，1996年），頁248。

〔註5〕（唐）李嶠，〈九日應制得歡字〉。收錄於彭定求等編，《全唐詩》，第一冊，頁385。

〔註6〕（宋）林洪，《山家清供》（北京：中華商業出版社，1985年）。

〔註7〕（明）高濂，《遵生八箋》（四川：巴蜀書社，1992年）。

〔註8〕（清）顧仲，《養小錄》（北京：中國商業出版社，1984年）。

〔註9〕「文人化食譜」一詞見於巫仁恕《品味奢華：晚明的消費社會與士大夫》（台北：中央研究院，2007年），頁290。在第六章〈文人品味的演化與延續──以飲食文化爲例〉中有深入的探討。

〔註10〕（明）龍遵敘，《飲食紳言》（北京：中國商業出版社，1989年），頁189。

〔註11〕（明）高濂，《遵生八箋》（四川：巴蜀書社，1992年），頁388。

〔註12〕（清）李漁，《閒情偶記》。收錄於《李漁全集》，第六冊（台北：成文出版社，1970年），頁2538。

〔註13〕（清）李漁，《閒情偶記》。收錄於《李漁全集》（台北：成文出版社，1970年），第六冊，頁2539

儉吝不導奢靡」，〔註14〕而蔬菜即具有導正風氣的功能：「草衣木食，上古之風，人能疏遠肥膩，食蔬蕨而甘之，腹中菜園不使羊來踏破，是猶作羲皇之民，鼓唐虞之腹，與崇尚古玩同一致也。」〔註15〕

除了李漁，顧仲在《養小錄》中亦提倡了「戒宰割，勿多戕物命」，〔註16〕並讚揚古人重視蔬食的習慣。而該書將與花相關的食譜命名爲「餐芳譜」，列入「蔬之屬」，在在顯示以花入饌在當代已被視爲一門獨立的飲食學問。

在養生與遵生觀念的推波助瀾下，花的醫療功效也因此備受肯定。清代食譜中介紹花材料理的同時，亦不忘讚頌其食療效果，以至於今日中醫常見以花入藥，作爲具有食療效果的保健食品。

「人類的飲食行爲絕對不只是純粹生物性的行爲而已，我們的心和腦都跟腸胃緊密相連。所以，飲食不只是生理活動，也是活躍地文化活動。」〔註17〕花材料理不僅滿足了口腹之慾，亦在精神、文化層面扮有吃重的角色。以花入饌的食俗至清代集大成，展現型態十分多元，在筵席宴會、文人雅集以及節慶活動中，都可見得花材料理的蹤跡，以不同的食用方式，建構出多樣的飲食文化。本書第三章即區分以「豪華型」、「雅致型」、「節慶型」，並深入探討。

過去歷史學界研究花材飲食文化的論述不多，多半僅止於專欄式的介紹，且多側重於養生保健功能，鮮少著墨於文化層面。有鑑於此，本書將題目訂爲「花樣百出——花與清代飲食文化」，以清代爲主，探討當時花如何以蔬菜之姿，實踐「文人化食譜」所倡言的「鮮味」、「本味」；另外並討論花材料理與清代社會文化的密切關係。

此外，爲避免論述過於氾濫，本書討論對象以花爲主，如花瓣、花蕊，其餘花粉、根、莖、葉、果等部位則不列入探討範圍中。

二、研究回顧

花材飲食文化的層面包含了食用方式、功能、價值、生活體現等面向，

〔註14〕（清）李漁，《閒情偶記》。收錄於《李漁全集》（台北：成文出版社，1970年），第六冊，頁 2537。

〔註15〕（清）李漁，《閒情偶記》。收錄於《李漁全集》（台北：成文出版社，1970年），第六冊，頁 2538。

〔註16〕（清）顧仲，《養小錄》（北京：中國商業出版社，1989年），頁 3。

〔註17〕巫仁恕，《品味奢華：晚明的消費社會與士大夫》（台北：中央研究院，2007年），頁 260。

本書以「品種和類別」、「來源和栽培」、「飲食層面」、「養生層面」、「多樣化發展」五個主題，取其代表作爲回顧。

在研究清代飲食文化之前，必須對於中國歷史的發展有全盤的瞭解，才能進一步探討隨著朝代更迭、思想文化的進步，而有所改變的飲食文化。由 *Denis Twitchett, John K. Fairbank* 所編《劍橋中國史》（*The Cambridge History of China*），是史學界中極具影響力的權威巨作，內容豐富全面，對於本書的研究助益甚多。〔註18〕

（一）品種和類別

中國領土幅員廣大，地域遼闊，自然條件複雜多樣，因此生態資源十分豐富，成爲世界上著名的花卉產地之一。本書所涉及的花卉種類眾多，在深入研究之前，宜先瞭解各種花卉的命名、品種、產地、象徵意義等資訊，避免日後混淆，也有助於對花材料理的瞭解。

陳俊愉、程緒珂等一百位專家共同編撰的《中國花經》，收錄花卉二千多種，包含了常見品種及珍稀名花。該書介紹學名、科屬、外形和栽培方式等，並附有圖片以供對照。規模之大，內容之全，是目前最完備的花卉百科全書。〔註19〕另外亦有以花爲主題的專書，如《中國荷文化》等書，〔註20〕對本書皆有很大的幫助。

（二）來源和栽培

如何取得花材料理中的原料，也是必須討論的課題。大部分的相關論述，都曾論及花卉的取得來源、栽培和貿易市場等議題。史學界以邱仲麟的〈花園子與花樹店——明清江南的花卉種植與園藝市場〉、〔註21〕〈明清江南的蘭花貿易與蘭花炒作〉最爲重要。〔註22〕前者主要討論明清江南地區昌盛的花卉消費，由於文人、富人、交際應酬以及休閒活動頻繁，故出現了專業化的

〔註18〕Denis Twitchett, John K. Fairbank，《劍橋中國史》（台北：南天出版社，1987年）。

〔註19〕陳俊愉、程緒珂編，《中國花經》，（上海：上海文化出版社，1990年）。

〔註20〕李志炎、林正秋編，《中國荷文化》，（浙江：浙江人民出版社，1995年）。

〔註21〕邱仲麟，〈花園子與花樹店——明清江南的花卉種植與園藝市場〉，《中央研究院歷史語言研究所集刊》，78卷3期，（2007年9月），頁473～552。

〔註22〕邱仲麟，〈明清江南的蘭花貿易與蘭花炒作〉，發表於中央研究院臺灣史研究所主辦「第二屆臺灣商業傳統國際學術研討會——工作坊第四次座談會」，臺北：中央研究院臺灣史研究所，2009年11月20日。

園藝種植，並追求技術上革新和品種改良，以供其所需。後者則以蘭花為探討主題。

不少農學者在此領域亦有相關探討。例如程兆熊《中華園藝史》討論了歷代以來觀賞植物的培育與利用，不過僅限於宋代以前。〔註23〕葉靜淵〈我國明清時期的花卉栽培〉、〔註24〕舒迎瀾〈我國古代的花卉栽培〉二篇，〔註25〕則指出早期花卉栽培都集中在皇室和富豪的園林之中，直至宋代才逐漸普及於民間，至明清時形成獨立的生產事業。而花卉業的蓬勃發展，也促成了花卉類農書的大量出現；更與盆景和瓶花藝術相互結合，提供作為食材或藥材使用。

關於栽培的專業技術方面，周肇基〈中國嫁接技術的起源與演進〉闡述了古代嫁接技術的起源，認為其來自於植物界的自然現象──「連理」，由於古人將「連理」視為祥瑞象徵，以此為皇帝歌功頌德，以及讚頌男女或兄弟之情，而間接促成人工嫁接法的產生。而嫁接法亦運用於花卉之上。〔註26〕谷丰〈人工促成栽培法──唐花術〉則介紹了另一個重要的人工栽培法──塘花法，利用紙窗密室通風增溫的方式，克服不同氣候的障礙，以人工促成花朵提早綻放，是園藝史中非常重要的進展，對於花卉業的發展有正面的幫助。〔註27〕

（三）飲食層面

從事飲食文化的研究，必先釐清發展脈絡，才能領會飲食在中國歷史中的演變與趨勢。任百尊的《中國食經》、〔註28〕徐海榮以及多位學者共同編撰的《中國飲食史》，內容始於舊石器時代，以至於民國，皆屬於通史性質的飲食專著。內容多元充實，無論是器具使用、原料採集、烹調技術、環境氛圍、各地風味等皆有詳細的介紹。

在《中國飲食史》書中提到，宋代時調味技術開始廣泛運用，宋人為了增添菜餚中的香氣，採用了「添加香料法」，在烹飪過程中添加薄荷、大茴香等，

〔註23〕程兆熊，《中華園藝史》，（台北：商務印書館，1985年）。
〔註24〕葉靜淵，〈我國明清時期的花卉栽培〉，《農業考古》，2期（1987年12月），頁308～315。
〔註25〕舒迎瀾，〈我國古代的花卉栽培〉，《自然科學史研究》，9卷4期（1990年9月），頁209～210。
〔註26〕周肇基，〈中國嫁接技術的起源與演進〉，《自然科學史研究》，13卷3期（1994年），頁265～272。
〔註27〕古丰，〈人工促成栽培法──唐花術〉，《農業考古》，1988卷2期（1988年12月），頁329。
〔註28〕任百尊編，《中國食經》（上海：上海文化出版社，1999年）。

有助於菜餚更加美味。其中也採用了某些芳香花果來進行調味，以其所含有豐富的揮發性芳香油，使菜餚具有濃郁的花果自然香氣。到了明代則更加普及，無論是菜餚、點心、茶以及酒，都可見花材入饌的例子，並以「花茶」為盛。清代承襲了歷代以來的成果，視飲茶品茗為雅事，時常飲用花茶，並佐以各類點心。而花卉亦能入酒，例如慈禧太后（1835～1908）時常以「蓮花白」賞賜予親信大臣。而清代時出現了「藥酒店」，出售以花蒸成的燒酒，可療疾健身，且性味柔和，深受民間歡迎。〔註29〕

王仁湘《往古的滋味──中國飲食的歷史與文化》中提到飲食與顏色的關連性，認為中國飲食文化十分注重餚饌色彩的配置。認為適宜的配色能夠增進食慾，陶冶性情，達到和神娛腸的目的。而配色的三大原則為：「體現食物原料的本色」、「使用調料加色」及「掌握火候以烹色」。〔註30〕王學泰《中國飲食文化史》中亦提到相同看法，認為配色的原則在於鮮明與協調，給予食客視覺上的享受，從而達到刺激食慾的目的。〔註31〕而五彩繽紛的花卉，便是實踐此類觀點的最佳映證，在古代食譜多有描述，如《山家清供》中記載「雪霞羹」以芙蓉花與豆腐同煮，成品呈現了紅白相間的美麗顏色。〔註32〕李化楠《醒園錄》中在醃紅薑時，則以紅花汁作為染色劑，再加上白糖等，達到味甜、色清紅的效果。〔註33〕

何小顏《花的檔案》、〔註34〕周武忠《中國花卉文化》二者，〔註35〕是以花卉為探討主軸的專著，述論了花卉與中國人格精神、文學、音樂、宗教、工藝的關係。內容豐富且具有全面性，囊括了花卉的各種面向，以及在傳統文化中的多元樣貌，對本書有很大的幫助。而在飲食方面，二書皆輯錄了歷代以來以花製成的菜餚、茶、酒等，較其他專書清楚明瞭。但遺憾的是內容篇幅稍嫌不足，論述也不夠深入，有待後人補充。

除上述論述外，另有王明德、王子輝所著《中國古代飲食》、〔註36〕王仁

〔註29〕徐海榮，《中國飲食史》（北京：華夏出版社，1999年）。

〔註30〕王仁湘，《往古的滋味──中國飲食的歷史與文化》（濟南：山東畫報出版社，2006年）。

〔註31〕王學泰，《中國飲食文化史》（桂林：廣西師範大學出版社，2006年）。

〔註32〕林洪，《山家清供》（北京：中華商業出版社，1985年），頁18。

〔註33〕李化楠，《醒園錄》（中華商業出版社，1984年），頁51。

〔註34〕何小顏，《花的檔案》（台北：商務印書館，1999年）。

〔註35〕周武忠，《中國花卉文化》（廣東：花城出版社，1992年）。

〔註36〕王明德、王子輝，《中國古代飲食》（陝西：人民出版社，1988年）。

與《中國飲食談古》〔註 37〕等專著，也都曾討論花材飲食文化，但內容大同小異，暫不贅述。

（四）養生層面

「食藉藥之力，藥助食之功」。〔註 38〕「食療」是探討中國醫學中很重要的一門課題。古代素有將飲食與藥物結合成藥膳的習慣，利用食物不同的特性，依照個人體質、季節變遷、地區差異等條件，來供給人體所需的營養，以及調節身體機能，達到滋補強身、抗老延年的功效。

研究食療和藥膳的研究眾多，楊玲玲〈中醫食補與體質〉、〔註 39〕劉儀初〈論中國食醫同源的產生及其營養學價值〉〔註 40〕、饒宗頤〈從出土資料談古代養生與服食之道〉等，〔註 41〕都曾介紹數種藥膳的醫療功效，其中不乏以花入藥者。

花卉各具不同藥性，若長期與食物搭配服用，則可強身健體。例如蒲公英能清熱解毒，百合可潤肺止咳，菊花可治療高血壓與風眩症，玫瑰具有理氣解鬱、和血散瘀的療效，俗稱「金針菜」的黃花菜更是廣泛運用於食療中，多利用其性味甘平來養血利尿，平肝發奶。這些論述在楊永良《中醫食療學》、〔註 42〕姜超《實用中醫營養學》、〔註 43〕劉云嶠《中國歷代食療進補養生大觀》〔註 44〕等書中皆有討論，資料甚為詳盡。此外，古代食譜和醫書中早已記載以花卉作為藥膳的記錄，在黃韶顏、李寧遠〈中國傳統增強體能飲食之研究〉中有所介紹，〔註 45〕而部份期刊中也可找到相關史料的整理，不過多屬資料彙整，缺乏深入論述。

〔註 37〕王仁興，《中國飲食談古》（北京：輕工業出版社，1985 年）。

〔註 38〕施洪飛、項平、唐善永，〈藥膳配伍規律和烹飪特點研究〉，《中醫藥雜誌》，12 卷 2 期（2001 年 6 月），頁 99。

〔註 39〕楊玲玲，〈中醫食補與體質〉，《第二屆中國飲食文化學術研討會論文集》（台北：中國飲食文化基金會，1993 年 12 月）。

〔註 40〕劉儀初，〈論中國食醫同源的產生及其營養學價值〉，《第三屆中國飲食文化學術研討會論文集》（台北：中國飲食文化基金會，1994 年 12 月）。

〔註 41〕饒宗頤，〈從出土資料談古代養生與服食之道〉，《第五屆中國飲食文化學術研討會論文集》，台北：中國飲食文化基金會，1998 年 6 月）。

〔註 42〕楊永良，《中醫食療學》（北京：中國醫藥科技出版社，1992 年）。

〔註 43〕姜超，《實用中醫營養學》（北京：新華書店，1985 年 10 月）。

〔註 44〕劉云嶠，《中國歷代食療進補養生大觀》（上海：文匯出版，1994 年）。

〔註 45〕黃韶顏、李寧遠，〈中國傳統增強體能飲食之研究〉，《中華家政》，21 期（1992 年 12 月），頁 131～164。

　　既然花已被認可為具有藥性的食材，適宜的烹調方式則有助於發揮其療效。清代延續了食「粥」的傳統，尤為注重粥食的藥療、食療雙重作用。粥既能充飢，又可食治，在當時受到廣泛的流行，〔註46〕倘若加入花材更是相得益彰。清代食譜中曹庭棟《養生隨筆》、〔註47〕黃雲鵠《粥譜》二書，〔註48〕大量蒐集了以花製粥的食譜，為此論點的映證。

　　雖然養生文化的相關研究甚多，但卻鮮少聚焦於花材料理。坊間雖出版多種花卉食療的相關書籍，但僅作為日常保健書籍之用，較缺乏學術價值。

（五）多樣化發展

　　飲食文化並非是一種單一現象，是具有差異性的活動。經濟地位、文化素養以及生活方式的不同，對人們的飲食型態有決定性的作用，不同階層、群體間的飲食文化也有所不同。王學太在《中國人的飲食世界》中提到，不同階層的人不僅在飲食上有所區別，其貫注於飲食生活中的文化精神，更有著顯著的差異。宮廷與貴族飲食重視奢侈與禮數，而文人則以優越的文化素養和審美感受，追求更高的精神生活，反映到飲食生活中，則表現在注重精緻、衛生、鮮美以及喜食蔬菜。市井飲食文化則與飲食專業化息息相關。〔註49〕

　　林永匡與王熹統整了清代宮廷的膳食資料，內容中有梅花酥、玫瑰露汁、大炒肉燜玉蘭片等花材料理。而貴族飲食如孔府宴的精緻程度也不遑多讓，品類繁多，有桂花魚翅、炸菊花蝦、冰糖百合等。〔註50〕可見清代上層社會對於花材料理是不陌生的。相關清代宮廷料理在吳正格《滿族食俗與清宮御膳》、〔註51〕苑洪琪《中國的宮廷飲食》中也有詳盡討論。〔註52〕

　　文人的飲食文化與貴族大不相同。馬宏口認為，文人生活中的飲食質量較低，善宴酒，並有助於推動藝術品的產生。〔註53〕王學太也認為自宋代始，文人雅士們建構了獨樹一格的飲食風尚，明清兩代則是承襲了宋人成果，例如冒襄、李漁等文人將飲食生活的高度藝術化。而飲食書寫的大量形成則是

〔註46〕伊永文，《明清飲食研究》（台北：洪葉文化，1997年），頁229～230。

〔註47〕（清）曹庭棟，《養生隨筆》（北京：中國商業出版社，1986年）。

〔註48〕（清）黃雲鵠，《粥譜》（北京：中國商業出版社，1986年）。

〔註49〕王學太，《中國人的飲食世界》（香港：中華書局，1989年）。

〔註50〕林永匡、王熹，《清代飲食文化研究——美食、美味、美器》（哈爾濱：黑龍江教育出版社，1990年）。

〔註51〕吳正格，《滿族食俗與清宮御膳》（遼寧：新華書店，1988年）。

〔註52〕苑洪琪，《中國的宮廷飲食》（北京：商務印書館，1997年）。

〔註53〕馬宏口，《中國飲食文化》（呼和浩特：內蒙古人民出版社，1992年）。

另一體現，其中以清代爲盛，單純以飲膳爲主的食譜或食單，種類和數量上居各朝之冠，〔註54〕也更著重於描述烹飪技術。〔註55〕

　　伊永文認爲，文人飲食美學發展較爲全面且值得推崇者，爲明末清初的董小宛（1623～1651）。其不但精曉食譜茶經，更能將食物的製作帶入「美」的意境之中。伊永文認爲，要能在飲食生活中達到「美」的境界，是需要多方文化陶冶的。董小宛具備了繪畫、詩賦、書法等文藝氣質，無形中也促使她將「美」的精神，漫化至飲食生活中，使生活充滿樂趣與突破。〔註56〕這個觀點即爲本書第三章所研究的「雅致型」花材飲食文化。除了董小宛外，從多位清代文人的作品中，也都能看到花在文人雅士的飲食生活中所扮演的重要角色。

　　上述五點，爲花材料理的相關研究成果。此外另有諸多期刊，也曾刊載相關訊息，但由於性質偏向於美食及醫療雜誌，雖然資料豐富，但內容缺乏學術嚴謹，故不另外介紹。

三、主要史料介紹

　　本書倚重的史料以清代食譜爲主。歷代以來有不少食譜著作，可惜多以亡佚，現存最早且最爲完整者，爲北魏賈思勰的《齊民要術》。〔註57〕

　　以形式作爲區分，古代食譜可分爲三大類：第一類是百科全書式的日用書籍，例如《便民圖纂》、〔註58〕《居家必用事類》、〔註59〕《多能鄙事》。〔註60〕第二類則是以養生、遵生爲宗旨，多爲由文人所撰的生活小品，例如《遵生八箋》、《閒情偶記》。第三類是單純以飲食爲內容的書籍，例如《養小錄》、《食憲鴻祕》、〔註61〕《隨園食單》〔註62〕、《調鼎集》。〔註63〕而本書主要使用清

〔註54〕王學太，《中國人的飲食世界》（香港：中華書局，1989年）。

〔註55〕巫仁恕，《品味奢華──晚明的消費社會與士大夫》（台北：中央研究院，2007年）。

〔註56〕伊永文，《明清飲食研究》（台北：洪葉文化，1997年）。

〔註57〕（北魏）賈思勰，《齊民要術》。收錄於《景印摛藻堂四庫全書薈要》（台北：世界書局，1985年），第13冊，子部，農家類。

〔註58〕（明）佚名，《便民圖纂》（台北：古亭書屋），明萬曆年間刊本。

〔註59〕（明）佚名，《居家必用事類》（北京：中華商業出版社，1986年）。

〔註60〕（明）劉基，《多能鄙事》（上海：榮華書局，1917年）。

〔註61〕（清）朱彝尊，《食憲鴻祕》（北京：中華商業出版社，1985年）。

〔註62〕（清）袁枚，《隨園食單》（台北：海鷗出版社，2007年）。

〔註63〕（清）佚名，《調鼎集》（北京：中華商業出版社，1986年）。

代食譜，介紹如下：

（一）《養小錄》

由顧仲所編。顧仲，浙江嘉興人，字咸山、閑山，號松壑、中村。由於特別熱愛莊子的學說，因此又稱爲「顧莊子」。顧仲是清代醫家，早年曾編寫過《飲食中庸論》，但未完成。後經河南望族楊子建之手，得獲先人輯錄的《食憲》一書，重新訂正匯整，並增加了歷遊時所見所聞的材料，因而編撰了《養小錄》一書。

本書以浙江風味爲主，收錄了飲品、調味料、蔬果、海鮮、肉禽等一百九十多種菜餚，內容豐富，製法簡明，並注重飲食的清潔衛生，兼具了美味與養生的性質。書中特別收錄了「餐芳譜」一章，統整諸花、苗、葉、根與野菜藥草等烹調方法，其中以直接烹調與食用花的主要結構──花瓣，此乃較爲特別之處。

（二）《食憲鴻祕》

爲清代重要的飲食專著。作者至今眾說紛紜，有人認爲是清代中葉文人僞託之作，也有人認爲是王士禎（1634～1711）所作。但一般而言皆認爲是朱彝尊（1629～1709）所撰。朱彝尊，字錫鬯，號竹垞，浙江嘉興人。康熙十八年（1679）時舉博學鴻詞，授翰林院檢討，入直南書房，與修《明史》。文學造詣極高，詩詞頗負盛名。

《食憲鴻祕》的內容與《養小錄》多有重複，所收錄之菜餚較《養小錄》爲多。推論是顧仲所參考的《食憲》即爲《食憲鴻祕》一書，刪減了「牡丹油」、「悅澤玉容丹」等與飲食無關的內容後而成書。換言之，《養小錄》應爲承襲《食憲鴻祕》所作，但此說法仍有待考證。

（三）《醒園錄》

本食譜原是由清代四川李化楠所蒐羅的飲食手札。李化楠，字廷節，曾任餘姚、秀水縣令。熱愛飲食，在宦遊江南時凡遇佳餚美食，便立即訪問其作法，並親自謄錄收集。其子李調元（1734～1803），字羹堂，一字贊庵，號雨村、墨庄。歷任授翰林院編修、吏部主事、廣東鄉試副主考、吏部考功司員外郎、提督廣東學政等職。李調元醉心於飲食文化，將父親的手稿整理編纂，而成《醒園錄》一書。記有一百二十一種烹調方法，內容豐富詳細，尤其重視醬料的釀造，其中使用了多種花卉作爲佐料。

（四）《養生隨筆》

又名《老老恆言》，是匯集各家養生思想，並結合作者曹庭棟親身經驗，總結編纂而成的養生專著。全書共五卷，論及老人起居、衣著、待客、器用等，作者曹庭棟，是清代著名養生學家、文學家。浙江嘉善人，字楷人，號六圃，又號慈山居士。歷康雍乾三代，活至九十多歲，十分長壽。對養生之道頗有心得，主張「和情志」、「養心神」、「慎起居」、「適寒暖」，尤重「節飲食」、「調脾胃」。極重視粥品在養生中的作用及地位，本書第五卷爲粥品專論，分上、中、下三品，其中凡是與花卉相關者，例如「菊花粥」、「梅花粥」、「蓮肉粥」，皆列爲上品。

（五）《粥譜》

作者黃雲鵠，字翔云，湖北嶄春人，曾任四川茶鹽道、按察使等職，晚年又任江寧尊經、湖北兩湖、江漢、以及經心書院山長。書中推崇食粥功效，認爲有助於養生。收錄粥品二百四十七種，數量爲歷代之最。此外，更將搭配的食材區分爲穀類、蔬類、木果類、植藥類、卉藥類、動物類等，認爲隨著添加的食材不同，而有不同的食療效果。

（六）《素食說略》

是中國首本素食食譜。〔註64〕作者薛寶辰（1850～1926），字秉辰，陝西長安縣杜曲寺坡人，曾任清宣統時翰林院侍讀學士、咸安宮總裁及文淵閣校理。辛亥革命後以醫書自養，並著書立說。書中提倡茹素，認爲蔬菜既有風味又保健康。本書分爲四卷，記載清末流行的一百七十餘種素食料理，制法考究而易行，其中包含了「蘭花蘑菇」、「桂花木耳」等菜餚。

由於本書所涉及之面象廣泛，運用的史料較爲多元，因此除了前述食譜外，尚有清代文人筆記如《廣東新語》、〔註65〕《清稗類鈔》等。〔註66〕前者爲作者屈大均（1630～1696）所見所聞的紀錄，詳實記載了廣東地區的社會經濟、天文地理、文學詩藝、生物百態、風俗民情等，內容豐富詳細，其中也不乏當地居民以花爲食的紀錄。後者爲由晚清遺老徐珂（1869～1928）編撰，匯輯有清一代的野史筆記、家藏秘笈、軼事遺聞以及各類人物事蹟，其

〔註64〕（清）薛寶辰，《素食說略》（北京：中華商業出版社，1984年10月）。
〔註65〕（清）屈大均，《廣東新語》（北京：中華書局，1985年）。
〔註66〕（清）徐珂，《清稗類鈔》（上海：誠成文化出版社，1996年）。

中「飲食類」收錄了清代的飲食形式和菜餚製法。

　　而各地方志中的「物產志」記錄了當地的花果卉木，也有助於瞭解和整合花材的區域性；或可藉由「風俗志」來探究當時人們的節令活動、日常生活。官方檔案方面，則有由內務府掌管《膳底檔》，可一窺清代宮廷飲食的樣貌，其中以〈乾隆四十八年節次照常膳底檔〉最為詳細。〔註67〕

四、研究方法與章節安排

（一）研究方法

　　本書討論的主要對象為古代食譜中運用的花卉，並不限定於單一花種，因此範圍廣泛，史料錯縱複雜。故將以歷史研究法為主，藉由史料的蒐集、解讀和分析，透過系統化的整理和組織，全面性的探討花材料理及其背後所代表的文化意涵。

（二）章節安排

　　本書內容分為三章。

　　第一章討論清代時，社會上愛花風氣造成的影響，以及花卉的取得來源、栽培區域及市場貿易等問題。

　　第二章則著重於清代花材料理的沿革和特色。首先介紹數種具有食用價值的花卉品種、產地、外貌與精神文化，讓讀者對花材有初步的瞭解。接著討論花材料理的發展歷程及形成原因，進而分析其特色，此為本書的重點論述。

　　第三章則將深入瞭解花材料理在清代社會中所扮演的角色。區分為「豪華型」、「雅致型」、「節慶型」三大類，探討花材料理在不同型態的生活文化中，如何展現多樣化的風貌。

〔註67〕〈乾隆四十八年節次照常膳底檔〉，收錄於中國第一歷史檔案館編，《清代檔案史料叢編》（北京：中華書局，1984年），第十輯，頁167〜180。

第一章　清代的愛花風氣及取得方式

　　花材料理，是清代飲食文化中的一大特色。在深入研究之前，必須了解花卉在當時所扮演的角色、社會觀感、需求程度以及取得來源是否順暢等議題，釐清之後方能進一步探討花如何從以外型取勝的觀賞植物，進而成爲餐桌上的美味佳餚。

　　清代時，愛花風氣盛行，其中又以氣候宜人且人文薈萃的江南一地爲甚，因此時常於各大園林間舉行賞花活動。爲了應付當時社會上大量的花卉需求，文人和花匠們更加致力於花卉栽培，間接促成專業園藝譜錄的大量問世，和花卉栽培技術的更加精進。而部分地區也憑藉著優越的天然條件，栽培特色花卉；並透過便捷的水陸交通，來進行花卉貿易。這些都是清代社會中愛花風氣的展現，既是聯繫文人和社會交際的重要媒介，也爲花材飲食文化墊定了良好根基。

第一節　愛花風氣及影響

　　花材料理經過歷代的演進，在清代時集大成。上至皇宮貴族，下至市井小民的飲食活動中，皆能見到花的風采。而當時的花材飲食文化，則是建築在清人的愛花風氣之上，從盛大的園林賞花活動、大量出現的園藝譜錄和精進的花卉栽培技術可以得知。

一、清代社會中的愛花風氣和賞花活動

　　自古以來，花與人類生活息息相關，除了可製作染料、藥物、食品、提煉香精等實用性質以外，觀賞價值始終是花帶給人們最大的樂趣，也是古代常見的休閒娛樂。

　　唐代以前，賞花活動主要是皇宮貴族所獨享；唐宋以後，文人雅士也加入行列，伴隨著氣候節序的變化，於園林中相聚宴樂，或至戶外踏青賞花。而這個風氣也逐漸擴展至下層社會，故每逢繁花盛放之時，都可見民眾扶老攜幼，外出賞花。明清二代的賞花風氣更甚以往，其中又以江南為盛，原因在於該地是人文薈萃之地，懂得欣賞及歌詠花卉風姿的文人雅士群聚於此，逐漸帶動風氣並且發揚光大。

　　園林，是清代文人生活中的一大重要場所，具有聚會、宴飲、遊賞等多樣的休閒用途，而賞花活動也多在各家園林中舉行。清代園林集中於江南，由於自然條件優越，氣候宜人，也因此一年四季中所生長的花木種類繁多，提供了造景藝術中最天然且優良的素材。

　　清代的園林眾多且赫赫有名，例如乾隆元年（1736）時，汪犇與李復堂、鄭板橋（1693～1765）、詠堂僧等好友，在揚州購買一處芍藥田，名為「芍園」。〔註1〕而「漎溪園」的牡丹最為有名：「漎溪園在法華鎮，亦邑人李氏別業。法華故多牡丹，為東吳之冠，而園中所植者蕃茂。」〔註2〕另外亦有顧予咸（1613～1669）的「雅園」、尤侗（1618～1704）的「亦園」、宋宗元（1710～1779）的「網師園」、李氏「漎溪園」、翰林程夢星（1679～1755）「篠園」。

　　最為有名的是「隨園」，位於南京小倉山之北，原是江寧織造隋赫德舊宅，原名「隋園」，然而因隋赫德遭到抄家而也逐漸荒廢。後來，袁枚於乾隆十一年（1746）出任江寧知縣時，以銀三百兩購得並整修重建之；乾隆十四年（1749）袁枚引退後便居於此園中，更名「隨園」，〔註3〕並在園中遍植百花。〔註4〕

〔註1〕　（清）李斗，《揚州畫舫錄》（台北：世界書局，1963 年），卷六，〈城北錄〉頁 136～137。

〔註2〕　（清）錢泳，《履園叢話》（台北：大立出版社，1982 年），卷二十，頁 538。

〔註3〕　（清）袁枚，〈隨園記〉，收錄於《小倉山房詩文集》（台北：廣文書局，1972 年），卷十二。

〔註4〕　（清）袁枚，〈隨園四記〉，收錄於《小倉山房詩文集》（台北：廣文書局，1972 年），卷十二。

　　花的點綴大有學問，必須依循審美原則，才能使園林更添姿色。清代園藝
專家陳淏子（1612～？）十分注重園藝造景的設計，並有獨到的見解：「有名
園而無佳卉，猶金屋之鮮麗人；有佳卉而無位置，尤玉堂之列牧豎。」〔註5〕
認爲不但要擺放得宜，而且配色、形態都應詳加斟酌：

　　　其中色相配合之巧，又不可不論也。牡丹、芍藥之姿艷，宜玉砌雕
　　　臺，佐以嶙峋怪石，修篁遠映。梅花、臘梅之標清，宜疏籬竹塢，
　　　曲欄暖閣，紅白間植，古幹橫施。水仙、口蘭之品逸，宜磁斗綺石，
　　　置於臥室幽牕，可以朝夕領其芳馥。桃花天冶，宜別墅山隈，小橋
　　　溪畔，橫參翠柳，斜映明霞。杏花繁灼，宜屋角牆頭，疏林廣榭。
　　　梨之韻，李之潔，宜閒庭曠圃，朝暉夕藹；或泛醇醪，供清茗以延
　　　佳客。榴之紅，葵之燦，宜粉壁綠牕；夜月曉風，時聞異香，拂塵
　　　尾以消長夏。荷之膚妍，宜水閣南軒，使薰風送麝，小露蘂珠。菊
　　　之操介，宜茅舍清齋，使帶露餐英，臨流泛蕊。海棠韻嬌，宜雕牆
　　　峻宇，障以碧紗，燒以銀鐲，或憑欄，或欹枕其中。木樨香甚，宜
　　　崇臺廣廈，挹以涼口，坐以皓魂，或手談，或嘯咏其下。紫荊榮而
　　　久，宜竹籬花塢。芙蓉麗而閒，宜寒江秋沼。松柏骨蒼，宜峭壁奇
　　　峯。藤蘿掩映，梧竹致清，宜深院孤庭，好鳥閒關。若至蘆花舒雪，
　　　楓葉飄丹，宜重樓遠眺。棣堂叢金，薔薇障錦，宜雲屏高架。其餘
　　　異品奇葩，不能詳述，總由此而推廣之。因其質之高下，隨其花知
　　　時候，配其色之深淺，多方巧搭。雖藥苗野卉，皆可點綴姿容，以
　　　補園林之不足。使四時有不謝之花，方不愧名園二字，大爲主人生
　　　色。〔註6〕

在當時，爲了不辜負名園之名或欲躋身名園之流，園林主人無不精心設計，
種植名花佳樹，更須講究與園中山水石岩的相互輝映，建構出生機盎然、風
姿綽約的視覺感受，才能彰顯獨特的個人品味。

　　然而，名園佳花必須要有賞花人，才能顯現價值。因此園林主人每每於
繁花盛放之時，邀請賓客參加「看花局」，同時吟詩作賦，許多著名的詩詞文
章也因此流傳下來。所謂「看花局」，即趁花季或名花盛開時，邀請賓客前來
共賞而舉行的聚會。早在北宋時已有之，宋人陳振孫（1183～1262）在〈越中

〔註5〕（清）陳淏子，《花鏡》（北京：農業出版社，1962年），頁44。
〔註6〕（清）淏子，《花鏡》（北京：農業出版社，1962年），頁44～45。

牡丹花〉序言中說道：「越之所好尚惟牡丹，其絕麗者三十二種，始乎郡齋豪家名族，梵宇道宮，池臺水榭，植之無間。來賞花者，無論親疏，謂之看花局。」〔註7〕陸友仁亦云：「置酒招賓就壇，多以小青蓋或青幕覆之，以障風日，謂之看花局。」〔註8〕明代沈周（1427～1509）曾應吳元玉之邀，前往吳宅觀賞牡丹。沈寂明、沈寂倫曾在居住的西堂舉辦「菊花會」，邀請賓客二十五人共襄盛舉。〔註9〕

　　清代文人也十分熱衷於賞花活動，在當時被視為雅事一椿。例如「淞溪園」的牡丹為上海之最，「紫金球、碧玉帶二種最為名貴，色香俱勝，花時遊賞者遠近畢集，園主人張筵請客，稱韻事焉。」〔註10〕蘭花、菊花亦有其愛慕者，「二月在船舫廳者為蘭，三月在內園者為蕙，屆期各蒔植家以佳種入會，棐几湘簾，磁盆竹格，陳設幽雅，遊賞者甚眾。」〔註11〕而清代晚期時，洋人也躬逢其盛，例如當時上海「徐家匯花園」，為「波利洋行所建，遍植中外花木，姹紫嫣紅，規模略具。並奏西樂，招中外人遊賞，盤餐兼備，所費無多。」〔註12〕

　　清代著名的的文學家、史學家趙翼（1727～1814），以愛花聞名，從詩文中可知其曾參加過不少賞花活動，本身也舉辦過「山茶花會」邀集親友。〔註13〕然而「看花先不可無酒，治具更番賭適口」，〔註14〕園林主人舉辦「看花局」，不僅要展示姿態萬千的花卉，更要備有美酒佳餚，讓賓客們能同時大享眼福與口福。而鮮花與筵宴相得益彰，酒酣耳熱更能助興，也因此活動往往連綿數日，

〔註7〕　（宋）陳振孫，《直齋舒錄解題》，收錄於《景印文淵閣四庫全書》（台北：商務印書館，1986 年），第 845 冊，頁 2b。

〔註8〕　（宋）陸友仁，《吳中舊事》，收錄於《景印文淵閣四庫全書》（台北：商務印書館，1986 年），第 590 冊，頁 19a～b。

〔註9〕　邱仲麟，〈明清江浙文人的看花局與訪花活動〉，《淡江史學》，2007 年 9 月，第 18 冊，頁 86～87。

〔註10〕　（清）葛元煦，《滬遊雜記》（上海：上海書店出版社，2006 年），頁 9。

〔註11〕　（清）葛元煦，《滬遊雜記》（上海：上海書店出版社，2006 年），頁 13a。

〔註12〕　（清）葛元煦，《滬遊雜記》（上海：上海書店出版社，2006 年），頁 8a。

〔註13〕　（清）趙翼，〈寒食日招蔣立菴太守劉壇橋贊善莊迂甫中允洪稚存編修陳春山明府家緘齋比部小集山茶花下立菴稚存皆有詩即和其韻〉，收錄於《甌北集》（上海：上海書局出版社，1997 年），卷 42，頁 1050～1051。

〔註14〕　（清）趙翼，〈汪屏周二尹買菊作花當招同宣莪士檢討楊恆夫明府及蓉溪霖岩學晦緘齋諸人讌集凡八十以上者五人餘皆七十以上余年六十七得與焉立庵更小余再後至以末座讓之合座十人七百七十歲鄉社中盛事也不可無詩〉，收錄於《甌北集》（上海：上海書局出版社，1997 年），卷 36，頁 862。

盛況空前：

> 經年足不入城市，今日偶乘天氣嘉。黃昏發舟擁衾臥，夢回城鼓已
> 五撾。城中親知喜我至，更番治具邀看花。談家芍藥吐爛熳，徐家
> 薔薇開橫斜。湯家杜鵑亦佳品，況有曲部等琵琶。阿咸雖無花事賞，
> 鯉庭麗藻紛天蔬。排日開筵鬪盤格，鰣魚正到江頭槎。老饕饞口欣
> 大嚼，轟醉十日忘還家。〔註15〕

同樣的例子，在《紅樓夢》中也曾出現。第三十八回〈林瀟湘魁奪菊花詩，
薛蘅蕪諷和螃蟹詠〉中，黛玉、湘雲一行人趁著中秋月圓時，一起觀賞菊花，
品嚐螃蟹，同時大展文采，舉行詩文比賽，而有了〈簪菊〉、〈問菊〉等作品。
〔註16〕由此可見在當時，賞花是文人生活中重要的娛樂活動，並搭配了美食
享用和吟詩作對等餘興節目。

　　後來，「看花局」逐漸演變爲展覽形式，規模也逐漸擴大。大型的賞花會，
以廣東中山縣小欖鄉的「菊會」最爲盛大。曾於乾隆四十七年（1782）、乾隆
五十六年（1791）、乾隆五十六年（1791）分別舉行過三次：

> 起止凡三日夜。張燈彩，作梨園樂，花路、花橋、花樓絡繹數里。
> 各族祠宇、門庭、齋舍悉選花之佳者布列點綴，間以名人字畫及古
> 玩器，開筵迎客，幽香滿座，四方來觀者千萬人。〔註17〕

據研究指出，這可能是歷代以來最大型的花卉博覽會。此外，也曾舉辦具有
比賽性質的「賽花會」。黃式權《淞南夢影錄》中記載：

> 每歲二、三月，豫園中有蘭花會，湘江佳種，羅列滿堂，別其種類，
> 品其高低。其花有老幹、新幹之分，梅瓣、荷瓣、水仙瓣之別，盆
> 上各粘紅籤，書花主人名姓，其有得居首座者，同人咸嘖嘖稱爲壯
> 元。〔註18〕

　　光緒初年，朱應鎬《楹聯新話》云：「上海每屆九月，設菊花會於豫園之

〔註15〕　（清）趙翼，〈偶入郡城湯蓉溪徐肇璜談恬深家緘齋招同徐秋園爲看花之會排
　　　　　日轟飲漫記以詩〉，收錄於《甌北集》（上海：上海書局出版社，1997 年），卷
　　　　　二十二，頁 457。
〔註16〕　（清）曹雪芹，《紅樓夢》（台北：聯經出版社，2010 年），上冊，第 38 回，
　　　　　頁 507～530。
〔註17〕　轉引自葉靜淵，〈我國明清時期的花卉栽培〉，《農業考古》，1987 年，2 期，
　　　　　頁 306。
〔註18〕　（清）黃式權，《淞南夢影錄》（上海：上海古籍出版社，1989 年），卷二，頁
　　　　　119～120。

茶寮，品其高下，諸名士咸與焉。」〔註19〕另外亦曾舉行東西合璧的賽花活動，在《滬遊雜記》有詳細的紀錄：

> 西人賽花卉始於光緒乙亥年，設英領事署後園，凡華洋奇花異草，皆可入會聽評。甲乙擇尤獎贈。丙子首夏舉行第二次，每次兩日，午後准中外士女入園玩賞，每客收洋蚨一枚，以備茶點之需。〔註20〕

節日也為舉行大型花卉展覽的重要時機。根據沈復（1763～1825）《浮生六記》中記載，當時有藉百花向神明祝壽的風俗：「醋庫巷有洞庭君祠，俗稱為水仙廟，小有園亭。每逢神誕，眾姓各認一落，密懸一式之玻璃燈，中設寶座，旁列瓶几，插花陳設，以較勝負。」〔註21〕而最重要的則是一年一度的「花朝節」，根據記載：「舊俗以農曆二月十五日為百花生日，號為花朝節，又稱花朝。」〔註22〕李斗《揚州畫舫錄》中記載：「每花朝於對門張秀才家作百花會，四鄉名花集焉。」〔註23〕可以想像當時園中百花爭妍，姿態萬千的盛況。

雖然清代文人亦從事盆景插花、繪畫等居家賞玩，但同時也流行動態、熱鬧的集體賞花活動。趁著親朋好友群聚一堂，共享良辰美景，一同吟詩作賦；佐以佳餚美酒，更激發了靈感詩興，創作出不少經典佳作而廣傳於世。因此，可以說花為清代交際應酬中的重要媒介，扮演了聯繫了文人雅士關係網絡的重要角色。

二、花卉譜錄的大量出現

江南優越的自然條件，一年四季皆是花卉的生產期，因此賞花活動也是持續不斷的進行的。由於園林需要佈置大量的花草樹木，因此需求量大增，栽培業與相關技術人員相對的更顯重要，專業著述也較以往增加。

早期花卉栽培的技術操控在花農的手中。根據學者黃滿仙指出，花農早在唐代時便已出現，〔註24〕並有專門的稱呼，但略有不同。唐代柳宗元（773

〔註19〕（清）朱應鎬，《楹聯新話》，收錄於梁章鉅，《楹聯叢話·附新話》（北京：中華書局，1987年），卷十，〈雜綴下〉，頁570。

〔註20〕（清）葛元煦，《滬遊雜記》（上海：上海書店出版社，2006年），頁13b～14a。

〔註21〕（清）沈復，《浮生六記》（北京：作家出版社，1996年），卷一，〈閨房記樂〉，頁12。

〔註22〕雷飛鴻主編，《辭源》（上海：商務印書館，1933年），下冊，頁6。

〔註23〕（清）李斗，《揚州畫舫錄》（台北：世界書局，1963年），卷四，〈新城北錄中〉，頁79。

〔註24〕黃滿仙，〈略述唐代花卉業的發展〉，《農業考古》，1987年12月，2期，頁304。

～819）在〈種樹郭橐駝傳〉說道：「駝業種樹，凡長安豪富人爲觀游及賣果者，皆爭迎取養。視駝所種樹，或移徙，無不活；且碩茂，蚤實以蕃。他植者雖窺伺倣慕，莫能如也。」〔註25〕於是「橐駝」成了擅長園藝者的代名詞。〔註26〕此外，柳宗元在〈宋單父種牡丹〉中又提到：

> 洛人宋單父，字仲孺，善吟詩，亦能種藝術。凡牡丹變易千種，紅
> 白鬥色，人亦不能知其術。上皇召至驪山，植花萬本，色樣各不同。
> 賜金千餘兩，內人皆呼爲花師。亦幻世之絕藝也。〔註27〕

文中所言之「花師」，就是指專門以栽培花卉爲職業的人。明清時，江南一地則多稱爲「花園子」。顧祿《桐橋倚櫂錄》云：「種植之人，呼花園子。營工於圃，月受其值。以接萼、寄枝、剪縛、扦插爲能。」〔註28〕袁學瀾（1803～1880）亦云：「兒孫賤作花園子，日向豪門喚賣花。」，〔註29〕另外也有「花人」、「花丁」及「花匠」等稱呼。〔註30〕

　　然而，即便花匠具備了一身好手藝，〔註31〕能巧奪天工，栽種出奇花異種，但因花匠們並不輕易將秘訣外授，或者因爲所傳非人、戰亂而導致專業技術的失傳和中斷，〔註32〕因此栽培花卉的技巧並未完整的流傳下來。眞正將園藝知識傳播於後人者，實爲當時愛好花卉的文人雅士。然而事實上，要能兼具品評賞鑑的審美觀，以及將細節完整流暢的紀錄、書寫下來的能力，在當時也是文人的專利。

　　陳淏子曰：「焚香煮茗，摹榻洗花，不過文園館課之逸事，繁劇無聊之良劑耳。癡也？癖也？余惟終老於斯矣。」〔註33〕清代文人以賞花爲交際活動，

〔註25〕（唐）柳宗元，〈種樹郭橐駝傳〉，收錄於《柳宗元全集》（上海：古籍書版社，1997年），頁145。
〔註26〕邱仲麟，〈花園子與花樹店——明清江南的花卉種植與園藝市場〉，《中央研究院歷史語言研究所集刊》，1997年9月，第78冊，頁493。
〔註27〕（唐）柳宗元，〈宋單父種牡丹〉，收錄於《河東先生龍城錄二卷》（台北：藝文印書館，1967年），卷下，頁6a。
〔註28〕顧祿，《桐橋倚櫂錄》（上海：上海古籍出版社，1980年），卷十二，頁165。
〔註29〕（清）袁學瀾，《續姑蘇竹枝詞》，收入於《歷代竹枝詞》（西安：陝西人民出版社，2003年），第3冊，頁2305。
〔註30〕邱仲麟，〈花園子與花樹店——明清江南的花卉種植與園藝市場〉，《中央研究院歷史語言研究所集刊》，1997年9月，第78冊，頁493。
〔註31〕本文將花卉栽培專業人員通稱爲「花匠」，取「匠」字爲技術高明之意。
〔註32〕邱仲麟，〈花園子與花樹店——明清江南的花卉種植與園藝市場〉，《中央研究院歷史語言研究所集刊》，1997年9月，第78冊，頁492。
〔註33〕（清）陳淏子，《花鏡》（北京：農業出版社，1962年），頁2。

家居之時則以蒔花弄草爲樂，怡情養性，作爲生活中的調劑。在日積月累的經驗之中，逐漸的產生心得，並且進一步的將長年栽培花卉時的所見所聞撰寫成書，「以公海內，俾人人盡得種植之方」。〔註 34〕因此也帶動了花卉譜錄的出版。

自古以來，流傳了不少園藝譜錄，收錄了植物的種類、栽培技術、相關詩文、來源典故等。皆是熱衷於園藝的文人們在潛心經營、認眞實踐後，將累積的知識觀念總結而成的紀錄。起初多爲綜論性質，凡農林園藝相關者無所不談。但隨著花的重要性日漸提高，也開始出現以花爲主題的論述，以及討論單一花種的專著。

園藝譜錄出現甚早，西晉稽含（263～306）《南方草木狀》記述嶺南一帶所產的植物八十種，其書分爲草、木、果、竹四類，但未將花卉獨立分出。北魏賈思勰《齊民要術》爲現存最早的綜合性農書，「起自耕農，終於醯醢，資生之業，靡不毕書。」〔註 35〕凡是與民生有關的農林園藝知識，皆收錄於書中，唯獨花草例外：「花草之流，可以悦目，徒有春花，而無秋實，匹諸浮僞，蓋不足存。」〔註 36〕賈思勰認爲，花的功能僅止於觀賞價值，並無經濟利益可言，因此秉棄不錄。可見得早期並不重視花卉栽培業。而這種觀念持續到唐代，隨著上層社會興起了賞花風氣，才稍有好轉。〔註 37〕

宋代時，種花、賞花活動已不再侷限於上層社會，愛花風氣逐漸普及於民間。爲了應付各項賞花活動的進行，花匠們在栽培上愈見用心，花卉業也趨向於商品化發展。在這個氣氛之下，逐漸打破了以往的慣例，園藝譜錄中開始記載花卉栽培等相關知識。根據王毓瑚《中國農學書錄》〔註 38〕統計，宋代時通論類譜錄以溫革《分門瑣碎錄》、陳景沂《全芳備祖》、周師厚《洛陽花木記》爲代表，但所涉及的內容仍較不全面。另外也出現了花卉專著，例如歐陽修（1007～1072）《洛陽牡丹記》、劉蒙《劉氏菊譜》、劉攽（1022～1088）《芍藥譜》、史鑄《百菊集譜》等，以討論特定花卉爲主題。

〔註 34〕 （清）陳淏子，《花鏡》（北京：農業出版社，1962 年），頁 2。

〔註 35〕 （北魏）賈思勰，《齊民要術》，收錄於《景印摛藻堂四庫全書薈要》（台北：世界書局，1988 年），第 13 冊，子部，農家類，頁 258～5。

〔註 36〕 （北魏）賈思勰，《齊民要術》，收錄於《四庫全書薈要》（台北：世界書局，1988 年），第 13 冊，子部，農家類，頁 258～5。

〔註 37〕 葉靜淵，〈我國明清時期的花卉栽培〉，《農業考古》，1987 年，2 期，頁 308。

〔註 38〕 王毓瑚，《中國農學書錄》（北京：中華書局，2006 年）。

　　明清二代，是中國園藝譜錄最爲盛行的時期，數量與質量均較以往來的
精進，高達一百多部，也代表著此時期的園藝技術，經過無數前人的經驗累
積與傳承，更臻成熟完美，展現了中國園藝技術的最高水平。不僅僅是園藝
譜錄有所成長，花卉譜錄也在此時大量的出現，明代出現了周履靖《菊譜》、
薛鳳翔《亳州牡丹史》等，而最爲重要者爲王象晉（1561～1653）《群芳譜》
問世，記載的花卉多達一百餘種。

　　清代時，花卉譜錄的成就達到巔峰，當中以陳淏子《花鏡》是歷代以來，
最爲專業齊備的花卉譜錄。《花鏡》成書於康熙二十七年（1688），爲陳淏子親
身體驗的心得之作：「凡植之而榮者，既紀其何以榮；植之而瘁者，必究其何
以瘁。宜陰、宜陽，喜燥、喜濕，當瘠、當肥，無一不順其性情，而朝夕體驗
之。」〔註39〕全書分爲六卷，爲通論性質，討論了近三百餘種的花卉栽培法，
內容詳實精細，其中「課花十八法」爲中國花卉栽培技術的總結，〔註40〕說明
了傳統花卉栽培技術在清代已經成熟完備。

　　《花傭月令》是由作者徐坦菴「所試而驗者，筆之於楮也」。〔註41〕書中
所記錄的移植、分栽、下種等方法，也是將前人之談加以驗證後所得。而《廣
群芳譜》則是清康熙四十七年（1728）時敕命內閣學士汪灝等撰書，凡一百
卷，文徵博引，增修刪減《群芳譜》而成，是一部官修而成的花卉百科全書。

　　除了通論性的花卉譜錄，尚有單一花卉的專著，在清代時爲數頗豐。《菊
說》作者計楠在序中提到：

> 數年以來，禾中秋圃張君與余最善，從而得交十八里橋徐君、夏君，
> 此三人者皆善種菊者也，臭味相同，性情相合，花時互相投贈，青
> 蔬白酒，紫蟹黃花，淡然於世味酸鹹之外。〔註42〕

由於計楠喜好種菊，因此書中所載之栽培方法可能也是其經驗之談。趙學敏
（1719～1805）《鳳仙譜》論及「灌溉」時，曾道：

> 澆灌斷不可使令童僕，蓋彼愚頑，何知憐愛？況強其所難，必多草

〔註39〕　（清）陳淏子，《花鏡》（北京：農業出版社，1962年），頁39。
〔註40〕　課花十八法：種植位置法、分栽有時法、移花轉垛法、下種及期法、辨花性
　　　　　情法、接換神奇法、扦插易生法、過貼巧合法、收種貯子法、澆灌得宜法、
　　　　　治諸蟲蠹法、變花催花法、養花插瓶法、花香耐久法。
〔註41〕　（清）徐石麟，《花傭月令》，收錄於《叢書集成續編》（台北：新文豐出版社，
　　　　　1989年），第91冊，頁65。
〔註42〕　（清）計楠，《菊說》，收錄於《叢書集成續編》（台北：新文豐出版社，1989
　　　　　年），第79冊，子部，頁505。

> 率，或多寡受水不齊，或手足決躁有失。倘佳種受傷，追悔無及，
>
> 必不得已，當擇解事斯文僕隸屬之可也。〔註43〕

趙學敏護花心切，唯恐舉止毛燥的童僕粗手笨腳的傷害了花苗。而從書中所輯錄之花卉品種數量大增，也代表了當時文人能根據顏色、形態、成長過程，而判別出花卉各自不同的特點，區分出更多的品種。

綜論上述，可得知在清代時，花卉譜錄已集歷代之大成。不但收錄清代文人對花卉栽培的獨到見解，同時也總結了歷代園藝知識，參考價值極大，為日後花卉栽培的研究提供了非常珍貴的史料，也代表著當時愛花風氣的一大展現。

除了收錄了栽培的相關事宜外，部分花卉譜錄還記載了花卉的實用功能。以陸廷燦《藝菊志》為例，書中收錄了菊花之妙用如製成菊水、菊花酒、菊羹、菊葉煎麵餅，〔註44〕代表著花卉譜錄並不僅僅是園藝書籍，同時也與飲食、醫療等民生課題息息相關，提供了有用的知識，有助於清代花材飲食文化的形成。

三、栽培技術的提升

「天然香艷，何假人為；然而好奇之士，偏於紅白反常、遲早易時處顯技，遂借此以作美觀。」〔註45〕為了滿足當時喜新厭舊的胃口，賺取更大的利潤，因此花匠們更要積極的培育新奇品種，也帶動了栽培技術的提昇。

花卉品種不斷的持續增加，以總數而言，明代後期的《群芳譜》所記花卉有一百餘種，清初《花鏡》則多達三百種。以單一品種而言，例如牡丹，宋代《洛陽牡丹記》中只記有二十四種，但清初《花鏡》則已有正黃色十一種、大紅色十八種、桃紅色二十七種、粉紅色二十四種、紫色二十六種、白色二十二種，總計一百三十一種之多。菊花亦有所增長，宋代《劉氏菊譜》記載菊花品種三十五種，但在《花鏡》則已多達一百五十二種，可見得花卉栽培技術持續進步，不斷推陳出新，創造出更多樣化的品種。此外，為了讓萬物蕭條的冬季，也能有佳花美景可以觀賞，花匠們以人工技術製造出「非

〔註43〕 （清）徐學敏，《鳳仙譜》，收錄於《叢書集成續編》（台北：新文豐出版社，1989 年），第 79 冊，子部，頁 585。

〔註44〕 （清）陸廷燦，《藝菊志》，收錄於《續修四庫全書》（上海：上海古籍出版社，1995 年），第 116 冊，子部，譜錄類，頁 387。

〔註45〕 （清）陳淏子，《花鏡》（北京：農業出版社，1962 年），頁 66。

時之花」，以至於寒冬時都能有鮮花點綴。

　　造成清代花卉品種的大量增加以及「非時之花」的原因，皆來自於當時精巧的「變花」技術，〔註46〕例如《花鏡》中記載了一系列較爲特別的變花技巧，以外力強行改變花瓣的顏色，如「白牡丹欲其變色，沃以紫草汁，則變魏紫。」〔註47〕又或者「白菊蕋以龍眼照住，上開一小孔，每早以澱清水或胭脂水滴入花心，放時即成藍紫色。」〔註48〕「凡花紅者欲其白，以硫磺燒煙薰盞蓋花在內，少頃則白。」〔註49〕而更重要的栽培技巧，則是「嫁接法」和「塘花術」。前者是透過「人工嫁接技術」不斷選育而成；後者則是仰賴人工方式來克服氣候因素，成功的讓花卉提早綻放。二法略論如下：

（一）嫁接法

　　花卉繁殖分爲「有性繁殖」和「無性繁殖。〔註50〕前者是通過種子來繁殖，早期花匠們多等待過程中的自然變異，期望花卉變種，但難有定律。而後者則是藉由「分株」、「扦插」、「嫁接」、「壓條」等人工技術來進行繁衍，其中以「嫁接法」對於花卉外型樣貌的改變最爲重大，可以直接的促成品種的變異與增加。然而，此法須高度仰賴花匠們的巧手技藝，以及大自然的神奇力量，來改變花卉樣貌，最能看出清代的栽培技術水平。

　　「嫁接法」是將植物營養器官的一部分，移接於其他植物體上。用於嫁接的枝條稱爲「接穗」，所用的芽稱爲「接芽」，被嫁接的植株稱爲「砧木」，接活後的苗稱爲「嫁接苗」。〔註51〕其原理是將「接穗」連接到「砧木」上，

〔註46〕「變花」一詞出現在（清）陳淏子，《花鏡》（北京：農業出版社，1962年），頁66。

〔註47〕（清）陳淏子，《花鏡》（北京：農業出版社，1962年），頁66。

〔註48〕（清）陳淏子，《花鏡》（北京：農業出版社，1962年），頁67。

〔註49〕（清）陳淏子，《花鏡》（北京：農業出版社，1962年），頁67。

〔註50〕開花植物中，雄蕋產生的花粉附著於雌蕋的胚珠上，使之受精，而長成種子，再用種子繁植新個體，而此個體兼具有父母體的性狀，稱爲「有性繁殖」，亦稱爲「種子繁殖」。此繁殖方式又分爲「自花授粉」和「異花授粉」二種，前者花粉由花藥傳至同一朵花或是同一株其他花朵的柱頭上，後者則由雄蕋傳至另一株植物的柱頭上授粉。利用種子進行有性繁殖的優點較多，繁植量大、所得苗株完整且較爲健康。「無性繁殖」又稱爲「營養繁殖」，原理是利用植物的根、芽、莖等營養器官進行繁殖而長成新植株。具有縮短幼苗生長發育週期，防止良種退化等優點，多用於健康不良而無法結實的花卉以及培育優良的花卉變種上。

〔註51〕陳俊瑜，《中國花經》（上海：上海文化出版社，1990年），頁64。

讓具有親和力的兩株植物間結合處的組織相互癒合後，使其導管、篩管互通，進而培養出獨立的新個體。

　　據研究指出，中國嫁接技術的概念源自於「自然接木現象」，也就是所謂的「連理」。古代將「連理」視為忠貞情愛以及祥瑞的象徵，人們為了迎合權貴的喜好，因此以人為製造「連理木」、「連理枝」來博得青睞，促成了「嫁接法」的誕生。〔註52〕另有研究指出，早在秦漢之際，中國的勞動人民已經掌握了「嫁接法」的要領，運用於果樹之上，〔註53〕而相關的記載最早見於《氾勝之書》和《齊民要術》中，至元代王禎（1271～1368）《農書》時已經接近完整，囊括了「嫁接法」大部分的類型。〔註54〕

　　清代時，嫁接法已全然大備，廣東順德縣陳村為當時著名的嫁接中心，「他處欲種花木、荔枝、龍眼之屬，率就陳村買秧，又必使其人接博，其樹乃生且茂，其法甚密，故廣州場師以陳村人為最。」〔註55〕《花鏡》中則記載了「身接」、「根接」、「皮接」、「枝接」、「靨接」、「搭接」、「靠接」六大類型，更冠以「接換神奇法」來稱呼，以表示藉由此法可以隨心所欲的改變花卉原本的形貌，十分神奇：

> 凡木知必須接換，實有至理存焉。花小者可大，瓣單者可重，色紅者可紫，實小者可巨，酸苦者可甜，臭惡者可馥，是人力可以回天，惟在接換之得其傳耳。〔註56〕

又云：

> 如以本色樹接本色，惟以花之佳，果之美者接，自不待言矣。若以他木接，必須其類相似者方可。如桃、梅、李、杏互接，金柑、橙、橘互接，林檎、棠梨互接，夫人而知之。至於其妙處，又不可不講也。白梅接冬青或楝樹上，即變墨梅。西河柳接海棠，極易生長。櫻桃接貼梗上，則成垂絲。貼梗接梨樹上，則成西府，柿樹接桃，

〔註52〕周肇基，〈中國嫁接技藝的起源與演進〉，《自然科學史研究》，1994年，13卷3期，頁264。

〔註53〕辛樹幟，〈我國果樹歷史的研究〉，收錄於《中國果樹史研究》，1983年7月，1版。

〔註54〕魏露苓，〈明清植物譜錄中的農林園藝技術〉，《農業考古》，1999年3期，頁230。

〔註55〕（清）羅天尺，《五山志琳》，卷七，收錄於《嶺南遺書》（台北：藝文印書館，1968年）頁9。

〔註56〕（清）陳淏子，《花鏡》（北京：農業出版社，1962年），頁45。

則爲金桃。梅接桃則脆，桃接杏則肥。桑接梨則鬆而美，桃接李則

紅而甘。桑接楊梅則不酸，李接桃杏則可久之類。〔註57〕

同樣的，計楠《牡丹譜》中介紹牡丹的其中一種品種「柳墨」：「即曹州油紅，種而接於芍藥根，其色瓣變爲深墨紫，而有白根，亦貴重。」〔註58〕陸廷燦《藝菊誌》則記載了「幻弄」之術：「取黃白二菊，各批半邊，用麻紮合，則開花半白半黃。」〔註59〕從上述可以得知，清代園藝專家們對於嫁接法已經駕輕就熟，經過不斷的實驗，已能搭配出最爲契合的組合，進而培育新品種，甚至改良作物先天不足之處。

（二）塘花術

「所謂唐花，又名堂花也。其法自漢即有。」〔註60〕又稱爲「堂花」、「唐花」，始於唐代。最初多使用於蔬果的栽培，至唐代時才運用於花卉。南宋時此法大興，係當時上層社會對花卉的需求甚大，花匠們大量以塘花術促成花期早放，使得冬季時亦有鮮花，以供應當時的需求。然而，又因此技術所費不貲，元代後風氣漸減，直至明清才再度盛行。〔註61〕

根據清代富察敦崇《燕京歲時記》記載：「凡賣花者謂薰治之花爲唐花，每至新年互餽贈牡丹呈艷、金菊、垂黃，滿座芬芳，溫香撲鼻，三春冶豔，盡在一堂，故又謂之堂花也。」〔註62〕此外又名「窖花」：「嚴冬則置窖室，謂之開窖，盡夜爐火不斷，專烘碧桃、玉蘭、水仙、蘭蕙、迎春、郁李、五色牡丹，備士商衙署迎年之玩，俗呼窖花。」〔註63〕《花鏡》中則記載了詳細的方法：

以紙糊密室，鑿地作坎，緶竹置花其上，糞土以牛溲、馬尿、硫磺

盡培溉之功。然後置沸湯於坎中，少候湯氣薰蒸，則扇之以微風，

〔註57〕（清）陳淏子，《花鏡》（北京：農業出版社，1962 年），頁 46。

〔註58〕（清）計楠，《牡丹譜》，收錄於《叢書集成續編》（台北：新文豐出版社，1989年），第 79 冊，子部，頁 557。

〔註59〕（清）陸廷燦，《藝菊志》，收錄於《續修四庫全書》（上海：上海古籍出版社，1995 年），第 116 冊，子部，譜錄類，頁 399。

〔註60〕（清）富察敦崇，《燕京歲時記》（台北：廣文書局，1969 年），頁 140～141。

〔註61〕邱仲麟，〈花園子與花樹店──明清江南的花卉種植與園藝市場〉，《中央研究院歷史語言研究所集刊》，1997 年 9 月，第 78 冊，頁 493。

〔註62〕（清）富察敦崇，《燕京歲時記》（台北：廣文書局，1969 年），頁 140～141。

〔註63〕（清）顧祿，《桐橋倚櫂錄》（上海：上海古籍出版社，1980 年），卷十二，〈園圃〉，頁 166。

花得盎然融淑之氣，不數朝而自放矣。〔註64〕

其方法與現代利用電腦來控制溫室花卉的原理相同，都能跨越季節和時間的限制，掌控開花時間。

清代初期，塘花術僅限於上層社會聚集的京師一地，逐漸的才傳至江南。根據《桐橋倚櫂錄》記載：

乾隆庚子春，高宗南巡，台使者檄取唐花備進，吳市莫測其術。郡人陳維秀善植花木，得從卉性，乃仿燕京窨窖薰花法爲之，花乃大盛。甲辰歲翠華六幸江南，進唐花如前例，繁葩異絕，四時花果，靡不爭奇吐馥，群效靈於一月之前，以奉宸遊。〔註65〕

這或許是塘花術南傳的契機，促成清代江南花卉業的蓬勃發展，即便是凜凜寒冬中都能生產花卉。根據李斗《揚州畫舫錄》記載：「草河一帶湖上園亭，皆有花園，爲蒔花之地。冬季時，花匠於煖室烘出芍藥、牡丹，以備正月園亭之用。」〔註66〕以及康發祥《海陵竹枝詞》詩注云：「萬園向來種菜，只種菊花，後來各色花枝都有，今則殘臘有牡丹、玉蘭盆景矣，蓋習于火烘法也。」〔註67〕

塘花術的運用，對於花卉栽培業有著正面的幫助，更能應付清代社會因愛花風氣所帶來的花卉需求。花匠們致力於栽培「非時之花」，帶給民眾新奇的感官享受，也能獲得更高的利潤。然而，並非所有花卉都適用於塘花術，例如桂花：「蓋桂稟金氣而生，須清涼而後放，法當置之石洞岩竇間，暑氣不道之所；鼓以涼颸，養以清露，自能先時而舒矣。」〔註68〕可見當時已經認知到植物寒溫習性的差異，並給予不同的栽培方式，甚至對於花期的掌握收放自如，欲其早放則使用「塘花術」，也另有妙招使其晚放：「若欲其緩放，以雞子清塗蕊上，便可遲三兩日。」〔註69〕

清代的花卉栽培技術奠基於歷代以來的發展成果，在長期的實驗下愈漸

〔註64〕 （清）陳淏子，《花鏡》（北京：農業出版社，1962年），頁67。

〔註65〕 （清）顧祿，《桐橋倚櫂錄》（上海：上海古籍出版社，1980年），卷三，〈花神廟〉，頁31。

〔註66〕 （清）李斗，《揚州畫舫錄》（台北：世界書局，1963年），卷二，〈草河錄下〉，頁35。

〔註67〕 （清）康發祥，《海陵竹枝詞》，收錄於《歷代竹枝詞》（西安：陝西人民出版社，2003年），第3冊，戊編，頁2427。

〔註68〕 （清）陳淏子，《花鏡》（北京：農業出版社，1962年），頁67。

〔註69〕 （清）陳淏子，《花鏡》（北京：農業出版社，1962年），頁67。

精進，既能以嫁接法培育出更多元的品種，又善用塘花術來控制花期，栽培「非時之花」，可見得當時花卉栽培技術的純熟。同時也代表著清代花卉栽培業受到相當程度的重視，並非是雕蟲小技，必須不斷的研發試驗，才能保持競爭力。

而由於花匠們巧奪天工之技，更添加更多的品種類別，豐富了中國的花卉文化。最重要的是，人們不再受限於自然條件，即能隨時獲得所需花材，有助於清代花材飲食文化的發展。

第二節　花卉產地與貿易

依據自然氣候、人文風俗等條件的差異，栽培的花卉種類也有所不同。例如蘭花生長在深山野嶺，茉莉、素馨喜好溫暖濕潤的熱帶氣候，因此逐漸形成以單一種類花卉為主的專業產區，並且和當地花匠、花田和花市，成為該地區的主要特色與標誌。

隨著主要產區的形成，各區域間的貿易也日漸發達。藉由便利的運輸方式，建構出縝密的花卉貿易網絡，提供清代社會上的各種需求，也有助於花材飲食文化的形成。

一、主要產區和特色花卉

早在殷商時期，中國已有花卉的栽培。甲骨文中已出現「園」、「圃」等字，皆有種植花果木蔬之意，可見得當時出現了具有一定規模的花卉栽培及專業區域。〔註70〕最初，花卉栽培業是圍繞著皇室宮苑為主，至宋代時種花和賞花之風大盛，逐漸普及於民間。

宋代為花卉栽培業的重大發展時期。北宋時，歐陽修《洛陽牡丹記》云：「洛陽之俗，大抵好花。春時，城中無貴賤皆插花，雖負擔者亦然。」〔註71〕當時花卉中心仍在洛陽，且延續唐代喜愛牡丹的風尚。直到南宋遷都臨安，促使園林建築在南方獲得空前發展，也帶動花卉栽培業的進步。據孔武仲《芍藥譜》說道：「揚州芍藥，名於天下，非特以多為夸也。其敷腴盛大而纖麗巧密，

〔註70〕汪菊淵，〈我國園林最初形式的探討〉，《園藝學報》，1965年，四卷，二期，頁101～106。

〔註71〕（宋）歐陽修，《洛陽牡丹記》，收錄於《景印文淵閣四庫全書》（台北：商務印書館，1986年），第151冊，子部，譜錄類，頁845～6。

皆他州之所不及。」〔註72〕又云：「與洛陽牡丹俱貴於時。」〔註73〕顯示揚州不但為當時芍藥的主要產地，且受到喜愛的程度，已經能和洛陽牡丹相抗衡。而杭州的花卉栽培業及貿易也十分興盛，根據吳自牧《夢粱錄》記載：

> 是月，春光將暮，百花盡開，如牡丹、芍藥、棣棠、木香、荼蘼、薔薇、金紗、玉繡球、小牡丹、海棠、錦李、俳徊、月季、粉團、杜鵑、寶相、千葉桃、緋桃、香梅、紫笑、長春、紫荊、金雀兒、笑靨、香蘭、水仙、映山紅等花，種種奇絕。賣花者以馬頭竹籃盛之，歌叫於市，買者紛然。〔註74〕

得天獨厚的地理環境，是促成花卉栽培業蓬勃發展的關鍵因素。江南一帶屬於副熱帶季風氣候，夏季溫暖，冬不嚴寒，氣候溫和宜人；其位處於洞庭湖、鄱陽湖、太湖三大水系區，水網密布，方便灌溉；土壤為紅壤、黃壤等酸性土壤，適合農業作物的生長；再加上及當地居民善於種花，使花卉生態獲得良好的發展根基。

清代時，南京的花卉業十分興盛。根據金鰲《金陵待徵錄》記載：「鐵線蘭產於朱門山，葉與莖皆細，莖與花皆深綠色，微近黑色。品字蘭生於雲臺山，花開必三勻如品字。」〔註75〕文中朱門山和雲臺山皆在江蘇縣內，也是最適合蘭花生長的森林區域。《上江兩縣志》記載：「城外鳳臺門民善藝花及金橘，城內五臺山民善植梅，雞籠山後人善藝菊，皆以名其業。」〔註76〕一直到清代晚期，南京境內的花卉業仍不減其盛，《金陵物產風土志》記載：「城內五臺山，民善植梅，寶林寺僧善種牡丹，雞籠山後人善藝菊，城外鳳臺門花備贍養茉莉、珠蘭、金橘，皆盆景也。清涼山北，多竹與桂。」〔註77〕將《上江兩縣志》和《金陵物產風土志》對照來看，可以發現當時已出現專一

〔註72〕（宋）孔武仲，《芍藥譜》，收錄於《清江三孔集》（江西：江西教育出版社，2004年），頁354。

〔註73〕（宋）孔武仲，《芍藥譜》，收錄於《清江三孔集》（江西：江西教育出版社，2004年），頁354。

〔註74〕吳自牧，《夢粱錄》（台北：文海出版社，1981年），頁58～59。

〔註75〕（清）金鰲，《金陵待徵錄》（台北：成文出版社，1983年），卷十，〈志物〉，頁172。

〔註76〕（清）莫祥芝、甘紹盤修，汪士鐸纂，《上江兩縣志》（台北：成文出版社，1970年），卷七，〈食貨〉，頁166。

〔註77〕（清）陳作霖，《金陵物產風土志》，收錄於《金陵瑣志九種》（南京：南京出版社，2008年），〈本境植物品考〉，頁127。

化的傾向，一個村落僅栽植單一花卉或一、二種特定花卉。

　　揚州素以芍藥聞名。清代時，揚州城郊多芍藥田。嘉慶《揚州府志》記載：「揚州負郭多曠土，種花之家，園舍相望，最盛於朱氏、丁氏、袁氏、徐氏、高氏、張氏，餘不可勝記。畦分畝別，多者至數萬株。」〔註78〕李斗《揚州畫舫錄》中記載：

> 篠園，本小園，在廿四橋旁。康熙間土人種芍藥處也。……園方四十畝，中墾十餘畝爲芍田，有草亭，花時賣茶爲生計，田後栽梅樹八九畝，其間烟樹迷離，襟帶保障湖。北把蜀岡三峯，東接寶祐城南望紅橋。康熙丙申，翰林程夢星告歸，購爲家園。〔註79〕

不僅僅是「篠園」，另一名園「芍園」本來也爲芍藥花田。乾隆元年（1736），汪鋆與李復堂、鄭板橋、詠堂僧等好友，也購買了揚州的芍藥田，名爲「芍園」。〔註80〕又有「芍廳」，專門供予遊客們欣賞：

> 園中芍藥十餘畝，花時植木爲棚，織葦爲簾，編竹爲籬，倚樹爲關。遊人步畦町，路窄如線，縱橫屈曲，時或迷失不知來去。行走足疲，有茶屋於其中，看花者皆得契而飲焉。〔註81〕

　　由於揚州氣候適中，因此除芍藥外，也適合其他花卉生長。例如洛春堂的繡球花與牡丹齊名，〔註82〕而掃垢山的桃花：「居人多種桃樹，北郊白桃花，以東岸江園爲勝，紅桃花以西岸桃花塢爲勝。」〔註83〕每逢花季，揚州幾乎成爲一座繽紛多姿的大型花園。而在妊紫嫣紅的繁花中，又以菊花爲大宗：「堡城數十戶家，世世種花爲業，春以盆梅、月季爲大宗，夏產梔子，秋以菊花爲最盛。其次則北門之傍花村、綠揚村、冶春花社，產菊亦頗盛。」〔註84〕

〔註78〕　（清）阿克當阿修，姚文田纂，《揚州府志》（台北：成文出版社，嘉慶十五年刊本），卷六十一，〈物產〉，頁4730。

〔註79〕　（清）李斗，《揚州畫舫錄》（台北：世界書局，1963年），卷十五，〈岡西錄〉頁334。

〔註80〕　（清）李斗，《揚州畫舫錄》（台北：世界書局，1963年），卷六，〈城北錄〉頁136～137。

〔註81〕　（清）李斗，《揚州畫舫錄》（台北：世界書局，1963年），卷十四，〈岡東錄〉頁319。

〔註82〕　（清）李斗，《揚州畫舫錄》（台北：世界書局，1963年），卷十三，〈蜀岡錄〉，頁370。

〔註83〕　（清）李斗，《揚州畫舫錄》（台北：世界書局，1963年），卷十六，〈橋西錄〉，頁285。

〔註84〕　（清）李斗，《揚州覽勝錄》（台北：世界書局，1963年），卷一，〈北郊錄〉，

城北「傍花村」的居民多以種菊爲生，「薜蘿周匝，完若墻壁。南鄰北垞，園戶種植。連架皆蔭，生意各殊，花時塡街繞陌。」〔註85〕《揚州府志》則記載了菊花的貿易活動：「菊種亦近年爲繁，土人多從治中移佳本，園師有鬻於市者。」〔註86〕

蘇州的花卉栽培自宋代以來即十分盛行，當中又以虎丘一地爲最。乾隆《元和縣志》記載：「虎丘人善以盤松古梅，時花佳卉植之磁盆，爲几案之玩，一花一目皆有可觀。人家苑圃中有欲栽培花菓，編葺竹屏草籬者，非其人不爲工。」〔註87〕虎丘之所以成爲當地最大產區，原因可追溯至北宋時期。根據明代黃省曾（1496～1546）《吳風錄》記載，由於宋徽宗（1082～1185）熱愛奇花異石，時人朱勔（1075～1126）極盡討好之能事，遠向汴京進獻珍花異木、奇岩怪石，受封爲「盤固侯」，也影響了當地風氣，富豪無不追求豪奢的園林生活，居民也多以藝花弄石爲務，朱勔的後代更是如此：「朱勔子孫，居虎丘之麓，尚以種藝壘山爲業，遊於王侯之門，俗呼爲花園子。」〔註88〕

除虎丘外，宜興的山區盛產蘭，「遠近諸山谷皆有之」，〔註89〕且種類眾多，不乏珍貴品種。洞庭山和光福鄉則則盛產牡丹，根據顧祿《清嘉錄》記載：

> 牡丹花俗稱穀雨花，以其在穀雨節開也。諺云：『穀雨三朝看牡丹。』無論豪佳名族，法院琳宮，神祠別觀，會館義局，植之無間，即小小書齋，亦必栽種一二墩，以爲玩賞。俗多尚玉樓春，價廉又易於培植也。然五色佳本，亦不下十餘種。藝花者，率皆洞庭山及光福鄉人，花時載至山塘花肆求售。〔註90〕

頁 31～32、33、34～35。

〔註85〕 （清）李斗，《揚州畫舫錄》（台北：世界書局，1963 年），卷一，〈草河錄上〉，頁 21。

〔註86〕 （清）崔華、張萬壽纂修，《揚州府志》（台南：莊嚴文化，1996 年），卷七，〈物產〉，頁 14a。

〔註87〕 （清）許治修，沈德潛、顧詒祿纂，《元和縣志》（南京：鳳凰出版社，2008 年），卷十，〈風俗〉，頁 110。

〔註88〕 （明）黃省曾，《吳風錄》，收錄於《中國風土志》（揚州：廣陵書社，2003 年），第 36 冊，頁 6。

〔註89〕 （清）吳騫，《桃溪客語》，收錄於《叢書集成新編》（台北：新文豐出版社，1985 年），第 95 冊，史地類，頁 25。

〔註90〕 （清）祿，《清嘉錄》（南京：江蘇古籍出版社，1999 年），卷三，〈三月〉，頁 79。

而光福一帶除了栽培牡丹外，也盛產梅花。光緒《蘇州府志》記載：「梅各處皆有，惟光福鄧衛山間香雪萬重，幾三十里，洞庭、長土斤亦盛。」〔註91〕

　　杭州地區的氣候溫暖宜人，適合花木種植，因此各式各樣的花卉齊聚一堂。據雍正《西湖志》中所記有的花品就有梅花、茶花、桃花、李花、桂花、榴花、蘭花、杜鵑花、木香、芍藥、荼蘼、荷花、茉莉、梔子花、芙蓉、菊花等，〔註92〕品種甚多，至今仍是賞花旅遊的熱門景點。其中，「東馬塍」和「西馬塍」自古以來一直是杭州的花卉栽培重地，此二村的村民善於栽花，在明代田汝成《西湖遊覽志》中即有詳細記載：

> 東西馬塍，在溜水橋北，以河分界。並河而東，抵北關外，爲東馬塍。河之西，上泥橋、下泥橋至西隱橋，爲西馬塍。錢王時畜馬於此，至三萬餘匹，號曰白馬，故以名塍。或曰：馬姓二人，東西居，共爲園田之塍，非也。土細敏樹，杭州四時花卉，于此出爲，今名南花園，北去十餘里爲板橋，今名北花園。〔註93〕

　　至清代時，東、西馬塍仍爲花卉主要產地。根據陳燦〈西湖竹枝詞〉注云：「東西馬塍在錢塘門外，土細宜花。當春時，園丁採葩叫鬻。」〔註94〕此外值得一提的是，宋代蘇軾（1037～1101）築「蘇堤」時廣植芙蓉，清代時當地仍可見芙蓉遍植的美景：「蘇隄及岸湖多種，秋日如霞錦。」〔註95〕

　　上海的花卉栽培業，在清代時才興起，其中以法華鎮所產的牡丹最爲有名，相傳爲鎮人李氏自洛陽引進，有「法華牡丹甲四郡」〔註96〕，以及「法華李氏牡丹良，遠近人稱小洛陽」的美名。〔註97〕清末時，隨著東西交流日增，上海傳進西洋的花卉品種，例如洋月季：「灌木，歐洲種。四季開花，有

〔註91〕　（清）李銘皖修，馮桂芬纂，《蘇州府志》（台北：成文出版社，1970年），卷二十，〈物產〉，頁489。

〔註92〕　（清）李衛，《西湖志》（台北：成文出版社，1983年），卷二十四，〈物產〉，頁1849～1936。

〔註93〕　（明）田汝成，《西湖遊覽志》（台北：世界書局，1963年），頁276。

〔註94〕　（清）陳燦，《西湖竹枝詞》，收錄於《歷代竹枝詞》（西安：陝西人民出版社，2003年），第二冊，頁1258。

〔註95〕　（清）李衛，《西湖志》（台北：成文出版社，1983年），卷二十四，〈物產〉，頁1887。

〔註96〕　（清）楊光輔，《淞南樂府》，收錄於《叢書集成新編》（台北：新文豐出版社，1985年），第95冊，史地類，頁135。

〔註97〕　（清）秦榮光，《上海縣竹枝詞》，收錄於《中國風土志》（揚州：廣陵書社，2003年），第36冊，頁48。

粉紅、淡黃、胭脂等色，莖、葉、花、刺皆同月季，無香。」〔註98〕另外還有洋玫瑰、洋水仙、外國荷花、洋白菊等外來品種。〔註99〕雖然外型樣貌上與中國自有品種無太大差異，但依然豐富了清代的花卉版圖。

然而，花卉栽培業不僅專美於江南，東南沿海一帶同樣都有花田，並且受到歷史文化和自然環境的影響，得以種植較為特別的品種，無論在花卉貿易或是風俗民情上都別具特色，對清代花卉栽培業亦有正面的幫助。

廣州素有「花城」之美稱，原因在於地處亞熱帶季風海洋性氣候，溫暖濕潤；又位於肥沃的珠江三角州北部，提供了良好的栽培條件。當地民諺「葉茂四時，花開八節」，〔註100〕為當地豐富多樣的植物資源作了貼切的詮釋。廣州古稱「番禺」，自秦漢始即為重要的交通、貿易口岸，對外輸出絲綢、陶瓷等，也自海外輸入了香料、瑪瑙、翡翠、藥材、象牙等；此外又有海外貢品的進獻以及傳教士、中外商賈的國際交流，因此遐方異域的花卉也隨之傳入，其中素馨便是奠基於溫暖氣候以及物產交流之上，而在廣州一帶大放異彩的重要花卉。

素馨來自於波斯，傳至廣州後便受到當地居民的喜愛，與檳榔同為當地特產。〔註101〕廣州的花卉貿易也以素馨為主，其重要性媲美洛陽牡丹：「所賣止素馨，無別花，亦猶洛陽但稱牡丹曰花也。」〔註102〕廣東「芳村」為主要產區，屈大均《廣東新語》云：「珠江南岸，有村曰莊頭，周里許，悉種素馨，亦曰花田。」〔註103〕當地種植面積頗大，「多至一、二百畝」。〔註104〕

同樣來自於西域的茉莉，也是當地重點栽培的花卉之一。《番禺縣志》記載：「自波斯移植，番禺尤多。以淅米漿溉之，則作花不絕。」〔註105〕而素馨和茉莉之所以廣植於此，原因在於兩者皆喜愛陽光和水份充足的環境。

〔註98〕 （民國）吳馨修、姚文枏纂，《上海縣續志》（台北：成文出版社，1918 年），卷八，〈物產〉，頁 571。

〔註99〕 （民國）吳馨修、姚文枏纂，《上海縣續志》（台北：成文出版社，1918 年），卷八，〈物產〉，頁 571～575。

〔註100〕（清）屈大均，《廣東新語》（北京：中華書局，1985 年），下冊，頁 696。

〔註101〕周肇基，〈花城廣州及芳村花卉業的歷史考察〉，《中國科技史料》，1995 年，16 卷 3 期，頁 5。

〔註102〕（清）屈大均，《廣東新語》（北京：中華書局，1985 年），上冊，頁 48。

〔註103〕（清）屈大均，《廣東新語》（北京：中華書局，1985 年），下冊，頁 695。

〔註104〕（清）紐秀，《觚賸》（台北：中興圖書出版，1957 年），頁 139。

〔註105〕（清）李福泰修，史澄纂，《番禺縣志》（台北：成文出版社，1871 年），卷七，〈物產〉，頁 55。

　　雲南的花卉資源在明清時得到空前的開發，成爲中國重要的花卉產區。由於該地地理條件特殊，同時擁有高原、丘陵、盆地和河谷等複雜地形，也因此氣候上寒、溫、熱帶三者兼具；再加上地處於「喜馬拉雅植物區系」、「中國——日本植物區系」、「古熱帶印度——馬來亞植物區系的交會之處」，〔註106〕因此當地植物種類繁多，花卉也相當豐富。

　　山茶花爲雲南最主要的的花卉，檀萃《滇海虞衡志》云：「滇南茶花甲於天下，昔人稱其七絕，而明巡按鄧漾以十德表之，稱十德花，此花宜爲第一。」〔註107〕劉崑《南中雜說》則更進一步的指出，通海一帶的茶花爲雲南之最：「滇南山茶花大如牡丹，赤如硃砂，分心捲瓣，以通海爲第一。」〔註108〕而劉崑受邀參加賞花宴時，所見到的茶花十分壯觀：「其木高十餘丈，圍丈餘，垂蔭數畝，望之如火，樹下可坐百人。」〔註109〕陳鼎《滇遊記》亦云，感通寺「樓前白茶花高數十丈，大數十圍，花如玉蘭，心般紅。」〔註110〕一般而言，茶花僅能高二、三尺，但雲南的茶花能高至數丈，可見當地花卉的生長茂盛。

　　綜論上述，可以發現一個值得思考之處，即清代村落間已呈現著「專一化」現象，時常是一個村落僅僅栽植單一品種或特定花卉。例如前述中提到的五臺山的梅花、雞籠山的菊花、鳳臺的茉莉和珠蘭、法華鎮的牡丹、傍花村的菊花、芳村的素馨等等，皆是專門以栽植單一品種花卉聞名於世。而這種「專一化」的現象可以避免各村花農之間的衝突，有利於各村長期培植其特色花種，加強其市場的競爭力。〔註111〕

　　當地居民在日常生活中利用花卉的習慣及方式，也能展現當地獨一無二的風土民情。嘉慶《揚州府志》記載，每年端午節時，婦女時常以花卉簪髻，

〔註106〕嚴奇岩，〈淺談明清雲南觀賞花卉資源的開發〉，《農業考古》，2003年3期，頁230。

〔註107〕（清）檀萃，《滇海虞衡志》，收錄於《叢書集成新編》（台北：新文豐出版社，1985年），第91冊，史地類，頁161。

〔註108〕（清）劉崑，《南中雜說》，收錄於《叢書集成新編》（台北：新文豐出版社，1985年），第94冊，史地類，頁571。

〔註109〕（清）劉崑，《南中雜說》，收錄於《叢書集成新編》（台北：新文豐出版社，1985年），第94冊，史地類，頁571。

〔註110〕（清）陳鼎，《滇遊記》，收錄於《叢書集成簡編》（台北：商務印書館，1965年），頁4。

〔註111〕邱仲麟，〈花園子與花樹店——明清江南的花卉種植與園藝市場〉，《中央研究院歷史語言研究所集刊》，1997年9月，第78冊，頁485。

「午則棄之,殘花滿道。」〔註112〕《杭州府志》:「三月三日南女皆戴薺花,諺云三春戴薺花,桃李羞繁華。」〔註113〕又「立冬日以菊花、金銀花煎湯澡浴,謂之掃疥。」〔註114〕《廣東新語》則提到當地居民以茉莉作為胭脂,可以點唇,亦可作為染料,不易脫色。〔註115〕又或者作為裝飾,「兒女子以彩絲貫之,素馨與茉莉相間,以繞雲鬟,是曰花梳。」〔註116〕而指甲花可以染色,「粵女以其葉兼礬石少許染指甲。」〔註117〕而這樣的花卉文化,往往更能彰顯一個區域的文化特色。

二、花市、貿易網絡和交易方式

自明代中葉起,商品經濟的發展造成消費能力的提高,再加上當時對於花木的需求量大增,因而帶動花卉消費,提供花卉市場運作的有利基礎。

陳淏子《花鏡》云:「每見世俗好花,不惜重資購取。」〔註118〕清代時,花卉的需求度仍然高昂,愛花人士願意花費大筆金額來購買所需花卉,無形中也促進了花卉貿易的發展。

(一)貿易網絡與交通

花卉產區所產的花卉,採收後大多交付貿易,在買賣雙方一來一往之間,逐漸強化花卉生產區的特色,長時期的貿易活動也讓該村落因此揚名立萬。

自明代中葉始,花卉貿易網絡已經形成。萬曆末年,顧起元(1565～1628)在《客座贅語》中提到:

> 牡丹、芍藥與鞠,此土多有之,顧多產自它郡邑。聞嘉靖以前,牡丹與鞠之種僅五六品,近來品類始多,牡丹自江陰或亳州或陝中致

〔註112〕(清)阿克當阿修,姚文田纂,《揚州府志》(台北:成文出版社,嘉慶十五年刊本),卷六十,〈風俗〉,頁4695。

〔註113〕(民國)龔嘉儁修,李榕纂,《杭州府志》(台北:成文出版社,1922年),卷七十六,〈風俗三〉,頁1531。

〔註114〕(民國)龔嘉儁修,李榕纂,《杭州府志》(台北:成文出版社,1922年),卷七十七,〈風俗四〉,頁1543。

〔註115〕(清)屈大均,《廣東新語》(北京:中華書局,1985年),下冊,頁644～645。

〔註116〕(清)屈大均,《廣東新語》(北京:中華書局,1985年),下冊,頁696。

〔註117〕(清)屈大均,《廣東新語》(北京:中華書局,1985年),下冊,頁649。

〔註118〕(清)陳淏子,《花鏡》(北京:農業出版社,1962年),頁40。

之，芍藥自揚州載而至。〔註119〕

又云：「几案所供盆景，舊惟虎刺一二品而已。近來花園子自吳中運至，品目益多。」〔註120〕可見從嘉靖以降，南京的花卉不僅由本地自產，亦來自四面八方，例如揚州、蘇州、亳州、河南等地輸入。

清代時，方時軒《樹蕙編》中提到：「山人於暮春時入山，見佳花取種於家，有筍分出，遠售吳下諸郡以弋利。」〔註121〕雖然無法得知是由何地運送至吳中，但由於蘭蕙多產於閩廣，且由文中「遠」字來看，應有跨越數個城鎮的可能。同樣的，在袁世俊《蘭言述略》也提到蘭花的採集與販售：「浙之蘭蕙出山於含蕊時，劚竹簍運銷吳門申江花市，每年冬杪約銷蘭二百萬蕊，每簍兩、三千蕊。」〔註122〕又「蕙至春初，吳、申兩地約銷三千簍，每簍裝一、二百蕊。然吳為多，申為少，餘則分往他處總售之。」〔註123〕可看出江南對於蘭蕙的需求度很大。

阮元（1764～1849）於杭州巡撫任內，每年九月都有來自於家鄉揚州的鮮花：「花奴自揚州載菊一舟來，一時瓶盎軒階俱滿，奉嚴親宴花廳下，饒有家鄉風景。」〔註124〕吳敏樹（1805～1873）道：「運漕連歲出天津，花樹揚州事事新。自從事變船停了，芍藥無花不算春。」〔註125〕雖然太平天國事變後的花卉貿易大不如前，但仍可以想像過往榮景。而屈大均《廣東新語》云：「水仙頭，秋盡從吳門而至，以沙水種之，輒作六出花，隔歲則不再花，必歲歲買之，牡丹亦然。」〔註126〕可見除了南花北運，也有江南花卉南下廣東販賣的事例。

然而，由於嬌嫩的花卉有其保鮮期，容易隨著舟車勞頓而毀損敗壞，降低其商品價值與市場競爭力。因此，如何迅速聯繫各大產區與貿易區，是花

〔註119〕（明）顧起元，《客座贅語》（北京：中華書局，1987年），頁14。

〔註120〕（明）顧起元，《客座贅語》（北京：中華書局，1987年），頁18。

〔註121〕（清）方時軒，《樹蕙編》，收錄於《叢書集成續編》（台北：新文豐出版社，1989年），第79冊，子部，頁540。

〔註122〕（清）袁世俊，《蘭言述略》（台北：廣文書局，1976年），頁66。

〔註123〕（清）袁世俊，《蘭言述略》（台北：廣文書局，1976年），頁66。

〔註124〕（清）阮元，《揅經室集》（北京：中華書局，1993年），〈駐杭州時每九月花奴自揚州載菊一舟來一時瓶盎軒階俱滿奉嚴親宴花廳下饒有家鄉風景為寫秋江載菊圖題之〉，頁836。

〔註125〕（清）吳敏樹，〈同胡湘杜岳州竹枝詞十六首〉，收錄於《歷代竹枝詞》（西安：陝西人民出版社，2003年），第3冊，頁2194。

〔註126〕（清）屈大均，《廣東新語》（北京：中華書局，1985年），下冊，頁700。

卉貿易商的一大課題。

明清江南貿易網絡以水運爲主，陸運爲輔，因此水運交通是長程花卉貿易中最重要且常見的方式。江南的花卉貿易也藉由便捷的水運交通，形成了以蘇州爲中心，北至揚州，西北至南京，東南至松江，西南至杭州等地的貿易網絡，涵蓋整個長江三角州。〔註127〕

舟船，是水運過程中最重要的交通工具。文震亨（1858～1645）《長物志》提到：「花時，千艘俱集虎丘，故花市初夏最盛。」〔註128〕方時軒《樹蕙編》中也提到：

> 乙丑春連荒之後，薪米不繼，聞花船到，心怦怦欲買而不能，因吟
> 一絕云：『歲荒不辦買花錢，聞道山人已泊船，惟有閉門深謝客，那
> 能相見不情牽。』〔註129〕

文中所提到的「花船」，是指當時花農們利用船隻運送花卉，同時也可作爲交易地點。東南沿海的花農們也時常運用水運來載送花卉，因此在江南較少見的花卉如素馨，便得以流通於各地。例如屈大均《廣東新語》提到：「廣州有花渡頭，在五羊門南岸。廣州花販每日分載素馨至城，從此上舟，故名花渡頭。花謂素馨也，花田亦止以素馨名也。」〔註130〕此外，亦有短距離水運的交易：

> 珠江南岸，有村約莊頭。周里許，悉種素馨，亦曰花田。婦女率
> 以口爽往摘。以天未明，見花而不見葉。其稍白者，則是期日當
> 開者也，既摘覆以濕布，毋使見日，其以開者則置之。花客涉江
> 買以歸。〔註131〕

除了州城間的河道水運，東南沿海一帶也使用海運載花銷售。道光年間，袁景瀾《吳郡歲華紀麗》即指出，每年六月，茉莉由「花賈從閩中海販而至，查頁鋪買以配茶之用。」〔註132〕計楠《菊說》也提到：「洋種出自於海外山中，

〔註127〕邱仲麟，〈花園子與花樹店——明清江南的花卉種植與園藝市場〉，《中央研究院歷史語言研究所集刊》，1997年9月，第78冊，頁509。

〔註128〕（清）文震亨，《長物志》，收錄於《中國歷代美術典籍匯編》（天津：天津古籍出版社，1997年），24冊，頁10。

〔註129〕（清）方時軒，《樹蕙編》，收錄於《叢書集成續編》（台北：新文豐出版社，1989年），第79冊，子部，頁544。

〔註130〕（清）屈大均，《廣東新語》（北京：中華書局，1985年），下冊，頁696。

〔註131〕（清）屈大均，《廣東新語》（北京：中華書局，1985年），下冊，頁696。

〔註132〕（清）袁景瀾，《吳郡歲華紀麗》（南京：江蘇古籍出版社，1998年），卷六，

商舶所帶進而傳種者。」〔註133〕而福建盛產的蘭花，則是靠海運運銷至揚州。
「秋蘭種數最多，每年木頭船至福建，水手等至山搜掘，暈素皆有，在寧波、
乍浦、上海等沿街挑賣。」〔註134〕

　　「夜航船」在花卉貿易中扮演不可或缺的角色。早在宋代，浙江一帶已
出現，據宋人吳曾《能改齋漫錄》中記載：「樂府有夜航船，政謂浙西耳。」
〔註135〕一直延續到清代仍有之，袁枚〈夜航船二則〉中提到：「杭州夜航船，
夜行百里。」〔註136〕袁學瀾《吳郡歲華紀麗》中也記載：「吳中鄉鎮四市，往
返郡城，商販必覓航船以代步，日夜更番，迭相來往。夜航之設，固四時皆
有之。」〔註137〕據描述，夜航船以載客為主，然而之所以被運用於花卉貿易，
乃因花農們可藉此爭取時間，連夜運送花卉至大城市販賣，不但能早一步搶
得商機，也可以保持花卉的新鮮。相關的狀況可從陳祁「白蕩蘆墟水拍浮，
買花慣趁夜航舟。黃昏猶宿姑蘇驛，一夕風吹石鋪頭。」的詩句中一窺其貌。
〔註138〕

　　而根據上述文獻顯示，可以得知清代花卉貿易與水運息息相關，利用舟
船來聯繫產區與貿易區，不分日夜，無論河運或海運，皆是花農、花商所仰
賴的貿易管道。

（二）花市和交易形式

　　花市，為販賣花卉的專門市場，即花卉貿易的平台。早在唐代時已有之，
其中最熱鬧繁華的是長安的牡丹花市。宋代時花市又被稱作「花團」、「花局」、
「花行」等，並在特定的日期中集中舉行。〔註139〕

　　清代時，在文人筆記或詩詞中都曾描述當時花市的盛況，例如李斗《揚

　　　　　〈六月〉，頁213。

〔註133〕（清）計楠，《菊說》，收錄於《叢書集成續編》（台北：新文豐出版社，1989
　　　　　年），第79冊，子部，頁512。

〔註134〕（清）袁世俊，《蘭言述略》（台北：廣文書局，1976年），頁56。

〔註135〕（宋）吳曾，《能改齋漫錄》（台北：廣文書局，1961年），上冊，頁166。

〔註136〕（清）袁枚，《續子不語》，收錄於《筆記小說大觀》（台北：新興出版，1973
　　　　　年），卷六，頁5779。

〔註137〕（清）袁學瀾，《吳郡歲華紀麗》（南京：江蘇古籍出版社，1998年），卷十
　　　　　一，〈十一月〉，頁329。

〔註138〕（清）陳祁，《清風涇竹枝詞》，收錄於《歷代竹枝詞》（西安：陝西人民出版
　　　　　社，2003年），第2冊，頁1444。

〔註139〕何小顏，《花的檔案》（台北：商務印書館，1999年），頁242～244。

州畫舫錄》中記載，花市的舉行是依照各個季節中的特色花卉爲主題：「畫舫
有市有會，春爲梅花、桃花二市，夏爲牡丹、芍藥、荷花三市，秋爲桂花、
芙蓉二市。」〔註140〕又云：

> 天福居在牌樓口，有花市。花市始於禪智寺，載在郡志。王觀芍藥
> 譜云，揚人無貴賤皆戴花。開明橋每旦有花市，蓋城外禪智寺、城
> 中開明橋，皆古之花市也。近年梅花嶺、傍花村、堡城、小茅山、
> 雷塘皆有花院，每旦入城聚賣於市。〔註141〕

揚州是花卉的重要產區，也是清代文人富賈聚集之處，花卉的供應和需求也
較大，因此反映在花市的數量上。廣東亦同，屈大均《廣東新語》指出當地
有專門以花卉買賣爲主的市場：「粵東有四市，即廣州花市、東莞香市、羅浮
藥市、廉州珠市。其中花市在『廣州七門』。」〔註142〕

蘇州的虎丘花市十分有名，該地自古以來即爲重要的花卉產區與貿易市
場，至清代時依舊非常興隆，袁景瀾《吳郡歲華紀麗》中有所描繪：

> 虎阜山塘多花市，居民以藝花爲業，曉來擔負百花，爭集售賣。山
> 塘列肆，供設盆花，零紅碎綠，五色鮮穠，照映四時，香風遠襲。
> 街頭換賣載花，婦女投錢，簾下折之。圃人廢晨昏、勤灌溉，辛苦
> 過農事，終歲衣食之資賴也。〔註143〕

由於虎丘一地即盛產花卉，因此出售的花卉多來自於本地以及鄰近的區
域。顧祿《桐橋倚櫂錄》記載：

> 大抵產於虎丘本山及郡西支硎、光福、洞庭諸山者居半。有來自
> 南路者，多售於北客；有來自北省者，多售於南人。惟必經虎丘
> 花農一番培植，而後捆載往來。凡出入俱由店主，若春夏蘭蕙、
> 台灣水仙，另有專店。店主人俱如牙戶之居間，十抽其一而已，
> 謂之用錢。〔註144〕

〔註140〕（清）李斗，《揚州畫舫錄》（台北：世界書局，1963年），卷十一，〈虹橋錄
　　　　下〉，頁241。

〔註141〕（清）李斗，《揚州畫舫錄》（台北：世界書局，1963年），卷四，〈新城北錄
　　　　中〉，頁79。

〔註142〕（清）屈大均，《廣東新語》（北京：中華書局，1985年），上冊，頁48。

〔註143〕（清）袁景瀾，《吳郡歲華紀麗》（南京：江西古籍出版社，1998年），卷三，
　　　　〈三月〉，頁134。

〔註144〕（清）顧祿，《桐橋倚櫂錄》（上海：上海古籍出版社，1980年），卷十二，〈園
　　　　圃〉，頁166。

外地的花農將欲售的花卉載至交易場所，由店主協助販賣適宜。若成功撮合買賣，便能居中抽取十分之一的佣金。然而，愈是名貴珍奇的花卉品種，愈能賣得高額天價。這樣的狀況在唐代時以經存在。白居易〈買花〉云：

> 帝城春欲暮，喧喧車馬度。共道牡丹時，相隨買花去。貴賤無常價，
> 酬值看花數。灼灼百朵紅，戔戔五束素。上張幄幕庇，旁織籬笆護。
> 水灑復泥封，移來色如故。家家習爲俗，人人迷不悟。有一田舍翁，
> 偶來買花處。低頭獨長嘆，此嘆無人諭。一叢深色花，十戶中人賦。

〔註145〕
這首詩詮釋了牡丹的昂貴及上層社會的奢靡風氣，一叢牡丹花竟然可以抵去十戶人家的賦稅，可見其利潤之高。

　　即便到了清代，風氣依舊未變。袁景瀾《吳郡歲華紀麗》云：「藝花之人，率皆在洞庭山及光福里。人家以花爲業，花時，載花至山塘花市賣之。價高者，十戶中人賦，買栽者不吝惜。」〔註146〕光緒年間，葛元煦《滬遊雜記》中提到：「滬俗尚蘭蕙，有梅辦、水仙辦、荷辦等名，愛者以重值購之，甚至一花值數十金。」〔註147〕可以想像當時愛花人士不惜代價，購買花卉的情景。甚至也有因此受騙上當，損失鉅款的例子：

> 道光時，嘉興高某酷喜蘭蕙，欲求十全上品。有富陽陸姓者以金口
> 素之花將上海梅之捧心以魚膠黏之，售銀五百兩，給銀後始知其偽，
> 尋其人而責之詭。云之眞者固有，價須倍之。高某耽花成癖，竟許
> 之，陸姓復將上海梅之花金口素之舌以魚膠黏之，當時亦未看出；
> 給銀後，始知其偽，然黃金已去。〔註148〕

　　在當時，栽培和販賣花卉的花農，躍身爲高收入族群，原因在於花卉的行情高、收益好，是糧食穀物等農產品所遠遠不及的，因此促成了當時農人紛紛改以栽培花卉爲業。袁枚〈題何春巢賣花圖〉云：「耕田辛苦讀書窮，活計年來事事空。只有種花經濟好，一生程本是春風。」〔註149〕孫原湘〈買花

〔註145〕（唐）白居易，〈買花〉，收錄於張淑瓊編，《白居易》（台北：地球出版社，1990年），頁17。
〔註146〕（清）袁景瀾，《吳郡歲華紀麗》（南京：江西古籍出版社，1998年），卷三，〈三月〉，頁129。
〔註147〕（清）葛元煦，《滬遊雜記》（上海：上海書店出版社，2006年），頁13。
〔註148〕（清）袁世俊，《蘭言述略》（台北：廣文書局，1976年），頁60。
〔註149〕（清）袁枚，《小倉山房詩文集》（上海：上海古籍出版社，1988年），頁738。

家〉也提到：

> 宣州白盆一種妍紅箋書，價值十千，朱門買花爭早得罕物，不惜黃
> 金錢。種花種百本衣食自然生計穩，種穀種一年，剜肉補瘡，租不
> 全。種花人家肥，種穀人家飢，明年備作種花家，手提花籃去賣花，
> 一籃花植金一兩，妓館遊船還倍賞。〔註150〕

當時花卉利潤遠高於糧食作物，若能培育出新式少見的花卉，博得市場的青
睞，就能確保衣食無缺，稅賦亦不成困擾。一般農家則反之，因此有了改行
做花農的想法。而從上述引文中也可發現，妓館、遊船和畫舫是花卉貿易中
的一大客源，通常將花卉用來作為妓女的髮飾以及船隻的裝飾。

　　清中葉以後，戰亂漸增，花卉栽培技術和貿易活動也受到影響，部分品
種暫時性的斷絕，以致於物以稀為貴，價位較以往來的更高：

> 餘姚之老細種，庚申以前，每年多有載往各處求售者；其時富陽張
> 升林向餘姚種户販蘭蕙，往各處發賣或將假種賺人，購之不察，往
> 往受其欺。匪亂以後，丙寅間，常蓮元往餘姚載細種來滬，後黃蔭
> 齋載細種至滬，價則較前三倍。蓋以別處細種皆斷，惟餘姚攜出避
> 匪亂，故其種獨茂，彼故以奇貨居。〔註151〕

　　花價哄抬的情形也引起部分文人的關注。邵長蘅（1637～1707）在〈種
花〉詩中有很動人的描述：

> 山塘映清溪，人家種花樹。清溪鴨頭清，門前虎丘路。春陽二月中，
> 雜花千萬叢。朝賣一叢紫，夕賣一叢紅。百花百種態，牡丹大嬌貴。
> 一株百朵花，十千甫能賣。朱門買花還，四面護紅闌。繡幕遮風日，
> 嬌歌閒清談。復有些子景，點綴白石盆。咫尺丘壑趣，屈蟠松檜根。
> 買竇几案間，一盆植千鐶。老圃解種花，老農解種穀。種穀輸官租，
> 種花艷儂目。種花食肉糜，種穀食糠麰。還復受敲朴，肉剜難為醫。
> 嗟呀重嗟呀，老農苦奈何。呼兒賣黃犢，明年學種花。〔註152〕

邵長蘅感嘆農家生計大不如前，有時連稅銀都無法繳出，因此必須放棄本業，
迎合市場趨勢，改以栽培花卉來換取較好的生活。此詩也暗諷富人之家的奢

〔註150〕（清）孫原湘，《天真閣集》，收錄於《續修四庫全書》（台北：四庫全書編纂
　　　　處暨中國學術史研究所，1965年），1487冊，集部，別集類，頁576。
〔註151〕（清）袁世俊，《蘭言述略》（台北：廣文書局，1976年），頁61～62。
〔註152〕（清）邵長蘅，《邵子湘全集》，收錄於《四庫全書存目叢書》，集部，第248
　　　　冊，《青門賸稿》，卷二，〈種花〉，頁161～248。

侈，頗有針貶時事的意味。然而，雖然當時部分文人認爲花卉栽培業並非農本，但礙於現實，農家們仍然轉職花卉業，買花之人則依舊趨之若鶩。

第二章　清代花材料理的沿革與特色

　　花卉是利用性質極高的食材，可使用於點心、菜餚、飲料及藥膳中，例如提煉香精，釀酒泡茶、或加入料理中作為調味、或裹上麵粉後油炸、或簡單的以水煮清蒸後直接食用、或搭配膳食以滋補養生，功用極多。

　　明中葉後，文人提出反對奢侈、重視蔬食以及提倡養生的飲食觀念，因此提高了蔬菜的地位，也讓花材料理更加發揚光大。直至清代時總結了歷代精華，對於花材的選擇、洗滌、辨識、烹調等觀念，在此時已全然大備。從清代食譜和文人筆記中可得知，當時所能利用的花材數量和種類已超越以往，料理樣式更是五花八門。

　　本章節將介紹清代花材料理的發展概況外，同時依據史料分析結果，統整出四大特色：「花卉主體──花瓣的食用」、「花露的使用」、「花卉粥的養生功能」及「花材料理的命名技巧」。

第一節　花材的定義和種類

　　清代時，花匠們對於花的品種、性狀和習性等，皆有相當程度的認識，因此園藝栽培業十分興盛。而當時的美食饕客，更是深諳此道，明白並非所有的花卉都能食用，可食用的花卉也並非都適合作為食材，必須依其各自不同的性質而有所取捨，才能品嚐到最美味的料理。

　　在烹飪過程中，使用花作為材料，簡稱為「花材」。而凡是以「花材」為主體或是搭配而成的飲食，則稱作為「花材料理」。

一、花材的定義

花，原為「華」的俗字，《說文解字》云：「華，榮也」。〔註1〕《詩經·國風》中「桃之夭夭，灼灼其華」，是以鮮豔的桃花形容女子的美貌。〔註2〕「英」亦作花字解，為「草榮而不實者」，〔註3〕例如成語「落英繽紛」，以及〈離騷〉中「朝飲木蘭之墜露兮，夕餐秋菊之落英」，〔註4〕皆具有花的意思。古代多使用「華」字，直到晉代以後，才開始出現「花」字，明末清初張自烈（1597～1673）《正字通》中〈申集·艸部〉云「花，草之葩也」，〔註5〕符合現代對於花字的定義。

花在日常生活中時常被稱為「花卉」，有廣義與狹義之分。前者指代表一切具有觀賞價值的植物，除了花本身外，也包含了草類。後者則單指開花植物，即為一般會開的植物。而本文中則使用狹義中的花卉，其餘草類植物並不在論述範圍之內。

花是被子植物（angiosperm）的繁殖器官，由葉所演變而成。其幼時為植物莖，漸次生長成多個葉片後，再從莖或枝開出花蕾，花蕾成長後始則為花。花肩負著繁殖的重責大任，一朵花主要是由花托（receptacle）和花托上著生的花葉（floral leaf）所構成，而花葉又包含了花萼（calyx）、花冠（corolla）、雄蕊（stamen）以及雌蕊（pistil）。

花萼位於花的最外圈，通常由數片綠色的「萼片」所組成。質地較韌，在花蕾時期將花瓣、雄蕊、雌蕊等緊緊包藏，具有保護花瓣和花蕊的功能。而花冠則位於花萼裡層，是所有花瓣的總稱。通常是花朵中顏色最顯目的部分，能保護花蕊，並以鮮豔的顏色或濃郁的香味，吸引蟲鳥前來散播花粉，達到繁殖的目的。

花瓣的內部有雄蕊和雌蕊，前者為雄性繁殖器官，後者則位於一朵花的中央處，形狀類似花瓶，構造由上而下可分成柱頭、花柱、子房三部分，柱頭、花柱是接收、傳送花粉用的，下端膨大的部分是子房，內有胚珠，卵子

〔註1〕 （漢）許慎，《說文解字》（北京：社會科學文獻出版社，2005年），頁331。
〔註2〕 全啓華譯著，《詩經》（江蘇：古籍出版社，1984年），頁14。
〔註3〕 （漢）許慎，《說文解字》（北京：社會科學文獻出版社，2005年），頁42。
〔註4〕 （戰國）屈原，〈離騷〉，收錄於吳平，《楚辭文獻集成》（揚州：廣陵書社，2008年），頁2284。
〔註5〕 （清）張自烈，《正字通》，收錄於《四庫全書存目叢書》，第198冊（台南：莊嚴文化，1997年），頁198～242。

即在胚珠中，待受精後會發育成種子。當一朵花完整的俱備了花萼、花瓣、雄蕊、雌蕊四部份，即稱爲「完全花」，倘若缺少一種部位，則被稱爲「不完全花」。一般而言，花朵的構造大致上可分爲這幾部分，然而不同的花，其花萼、花瓣、雄蕊、雌蕊的形貌也有所不同，也因此造就了千變萬化的姿態。〔註6〕

中國領土幅員廣大，南北所跨緯度極大，同時具備了高山、高原、丘陵、平原、盆地等多樣地形，又有來自於東南方的海洋調節，境內水域密布，提供了動植物良好的生存條件。因此無論是溫帶或是熱帶花卉都能穩定生長，並廣泛繁殖，經過數千年的演變，繁衍出豐富多樣的品種和類別，使得中國成爲世界上花卉產量和品種最多的國家之一。

無論是原產於中國本土，或者是經由商業貿易、文化交流而傳入的花卉，每一個品種都有專屬的稱謂以及獨特的意涵，都是經過數千年發展沿襲下來的成果。各類民俗活動以及用來作爲飲食、清潔、裝飾或餽贈等，也各有其相應對的花卉，在在顯示出花卉已深入於中國文化，成爲一種生活化的規範。這個現象在清代十分常見，從文人的詩詞筆記中可以看出，日常生活中隨時都有與花卉接觸的機會，同時衍生出的花卉文化也十分動人有趣。

此外，從文獻資料中可得知，古代對於花的品種、性狀和習性等，皆有相當程度的認識，與現在自然科學中的研究成果並無太大差異。而精神層面的詮釋更是一絕，文人將花卉各式各樣的生活形態和姿容樣貌，與君子的道德品格相互結合，時常可見以花譬喻於人品、性格及行爲，藉以勉勵自身，以求品德更臻高尚。也使得花卉具備了人文氣息，更讓中國人所追求的崇高人格，有了更踏實的依據準則。

在烹飪過程中，使用花作爲材料，簡稱爲「花材」。而凡是以「花材」爲主體或是搭配而成的飲食，無論是點心、菜餚、飯、粥、羹、湯、茶、酒等，皆可稱作爲「花材料理」。然而，並非所有的花卉都能食用，可食用的花卉也並非都適合作爲食材，必須依其各自不同的性質而有所取捨，才能品嚐到最美味的花材料理，甚至避免誤食後中毒等危險。

根據清代食譜和文人筆記所記載，可食用的花卉種類眾多，總計有玫瑰、蘭花、菊花、梅花、桂花、荷花、桃花、茉莉花、牡丹花、玉蘭花、迎春花、木香花、松花、芙蓉花、萱花、紅花、芍藥花、百合花、梔子花、藤花、茶

〔註6〕請參考孔慶萊主編，《植物學大辭典》（上海：商務印書館，1983年）。

蘼花、罌粟花、鳳仙花、蒲公英、向日葵、金雀花、木槿花、臘梅、紫花、柑花、鵝腳花、金荳花、金蓮花、錦帶花、玉簪花、韭花…等，洋洋大觀，將近四十種之多。而本書根據外型構造與生命特徵，將之分爲「木本」和「草本」二類，〔註7〕論述對象則以清代食譜和詩文筆記中較常出現，以及在烹調過程中較具特色者爲主。

二、木本植物花卉

木本植物，是指植物的莖內木質部發達，且質地堅硬的植物，通常稱呼其爲「樹」。一般而言，木本植物的外型直立挺拔，且壽命較長，能多年生長；又依形態不同，可分喬木和灌木兩類。而所謂木本植物花卉，即是生長於木本植物上的花，其中以玫瑰、梅花、桂花、桃花、茉莉、牡丹、玉蘭、芙蓉、荼蘼花以及栀子花爲代表。

玫瑰（Rosa rugosa），又名徘徊花。其姿態姣好，是著名的觀賞植物。玫瑰一詞原指美石、珍珠等物，《說文解字》云：「玫，一曰石之美好者」，又云：「瑰，一曰圓好」。直至漢代以後，玫瑰二字才作爲植物名，《西京雜記》云：「樂園苑中有自生玫瑰樹」，〔註8〕以及唐代白居易（772～846）有詩云：「菡萏泥連蕚，玫瑰刺繞枝」。〔註9〕

玫瑰是薔薇科、薔薇屬落葉喬木，與薔薇（Rosa multiflora）、月季（Rosa chinensis）並稱「薔薇園三傑」。由於三者外型相似，歐洲統稱爲 Rose，然而中國卻早已區分三者間的差異性，如楊萬里（1127～1206）〈紅玫瑰〉詩云：「非關月季姓名同，不與薔薇譜諜通」。〔註10〕

玫瑰原產於中國，由於性喜陽光和肥沃的砂質土壤，因此盛產於中國南方，陳淏子《花鏡》中云：「處處有之，惟江南獨盛。」〔註11〕於夏季開花，花朵體積較大，色澤艷麗，清代時已有紫、碧、黃等色。除了雍容華貴的外

〔註7〕 關於花的分類方法，請參考陳俊愉，《中國花經》（上海：上海文化出版社，1990 年），頁 55～58。

〔註8〕 （漢）劉歆，《西京雜記》，收錄於《景印文淵閣四庫全書》（台北：商務印書館，1986 年），子部，小說家類，頁 1035～4。

〔註9〕 （唐）白居易，〈草詞畢遇芍藥初開因詠小謝紅藥當階翻詩——偶成十六韻〉，收錄於《全唐詩》（台北：中華書局，1999 年），13 冊，頁 4943。

〔註10〕 （宋）楊萬里，〈紅玫瑰〉，收錄於王琦珍編，《楊萬里詩文集》（南昌：江西人民出版社，2006 年），上冊，頁 391。

〔註11〕 （清）陳淏子，《花鏡》（北京：農業出版社，1962 年），頁 255。

型外，因其濃郁的芳香，而成爲製造香精的重要原料之一，《花鏡》中記載「此花之用最廣：因其香美，或作扇墜香囊；或以糖霜同烏梅搗爛，名爲玫瑰醬，收於磁瓶內曝過，經年色香不變，任用可也。」〔註12〕及至今日，玫瑰仍是提煉芳香精油的主要花卉之一，保加利亞的玫瑰油即爲該國重要經濟產品。

　　梅（*Prunus mumev*），是薔薇科、李屬落葉喬木，與桃花、杏花、李花形色相似，容易混淆；不過古人對其性狀早有明確的分辨：「又東北三百里，曰靈山，其上多金玉，其下多青口，其木多桃李梅杏。」〔註13〕原產自中國，《本草綱目》引陶弘景（456～536）《名醫別錄》記載：「梅實生漢中山谷，五月采實，火乾。襄漢川蜀江湖淮嶺皆有之。」〔註14〕野生梅多分佈於中國西南海山區，尤其以滇、川兩省爲多；家梅則遍栽於各地，以江南、華南地區爲主。

　　古代對於梅的認識，始於果實「梅子」，早期是作爲羹湯的調味品之用，《尚書‧說命》中云：「若作和羹，爾唯鹽梅」。〔註15〕古代文人十分讚賞梅花的風姿韻味，特別喜愛其枝葉蜿蜒如龍的姿態，常用於園林佈置：「蓋梅爲天下尤物，無論智、愚、賢、不肖，莫不慕其香韻而稱其清高。故名園、古刹，取橫斜竦瘦與老幹枯枝，以爲點綴」。〔註16〕而梅花不畏風寒的凜氣勁節，於寒冬中獨自綻放的勇者氣概和孤傲風姿，使得歷代詠梅之風從未停歇，更與蘭、竹、菊合稱爲「四君子」，又雅稱爲「清客」、「清友」。

　　桂花（*Osmanthus fragrans*），是木樨科、木樨屬長綠灌木或小喬木植物，原產於中國西南部喜馬拉雅山區，中南部亦有種植。屈原〈九歌〉中曾提到：「蕙肴蒸兮蘭藉，奠桂酒兮椒漿」，〔註17〕可知最初的用途爲釀酒。別名眾多，《紅樓夢》第八十七回〈感秋深撫琴悲往事，坐禪寂走火入寂魔〉中描述：「黛玉道：好像木樨香。探春笑道：林姐姐終不脫南邊人的話。這大九月裡的，哪裡還有桂花呢？」〔註18〕由此可見，木樨本爲江浙俗稱。又因其分佈於岩

〔註12〕（清）陳淏子，《花鏡》（北京：農業出版社，1962 年），頁 256。

〔註13〕（晉）郭璞，《山海經》，收錄於《景印文淵閣四庫全書》（台北：商務印書館，1986 年），第 1042 冊，子部，小說家類，頁 1042～44。

〔註14〕（明）李時珍，《本草綱目》，收錄於《景印文淵閣四庫全書》（台北：商務印書館，1986 年），第 79 冊，子部，醫家類，頁 773～602。

〔註15〕（唐）孔穎達，《尚書》（北京：中華書局，1998 年），頁 262。

〔註16〕（清）陳淏子，《花鏡》（北京：農業出版社，1962 年），頁 166。

〔註17〕（戰國）屈原，〈九歌〉，收錄於吳平，《楚辭文獻集成》（揚州：廣陵書社，2008 年），頁 2377。

〔註18〕（清）曹雪芹，《紅樓夢》（台北：聯經出版社，2010 年），下冊，第 87 回，

岭間者，稱爲「岩桂」，〔註19〕而桂花的花香濃郁，據說擴散甚遠，因此又被稱爲「九里香」。〔註20〕然而，由於古代多簡稱爲「桂」，因此容易與另一樟科、樟屬的常綠喬木「肉桂」混淆。〔註21〕例如明李時珍《本草綱目》將岩桂隸於樟科菌桂之中，明王象晉《群芳譜》更將二者混爲一談，直至清代《花鏡》才有正確的分辨。

桂花的香味宜人，清人李漁言：「秋花之香，莫能如桂，樹乃月中之樹，香亦天上之香也。」〔註22〕不但形容了桂花的仙風道骨，也讚揚了其花香。此外，桂花也被用來象徵仕途得意，古代將考生中榜稱爲「蟾宮折桂」、「月中折桂」，登科及第者則美稱爲「桂客」、「桂枝郎」，科舉考場則稱作「桂苑」。〔註23〕

桃（*Prunus persica*），是薔薇科、李屬的落葉喬木，原產於中國西南和西部。多生長於春季，耐旱抗寒，易於栽種，因此各地皆有種植。漢代時經由甘肅、新疆西傳至至波斯，後又傳至歐美各國，早期日本的桃亦爲中國所傳入。〔註24〕《詩經·國風》中記載：「桃之夭夭，灼灼其華」，〔註25〕以盛開的桃花來形容初嫁女子的姿容豔麗，也有祝福婚姻美滿之意，因此又被視爲愛情與婚姻的象徵。唐代崔護〈題都城南莊〉：「去年今日此門中，人面桃花相映紅。人面不知何去處，桃花依舊笑春風。」〔註26〕內容是指某年清明節時，崔護偶然在長安城南一戶農家小院前，巧遇一位美麗的姑娘，產生了愛慕之情。然而，隔年清明節時他再度造訪，但卻芳蹤杳然，於是他在院門上留下了這首動人的詩句，〔註27〕同樣也是成語「人面桃花」的典故。

桃花「性早實，三年便結子，六、七年即老。結子便細，十年後多枯」，

頁1198。

〔註19〕 陳俊愉，《中國花經》（上海：上海文化出版社，1990年），頁156。

〔註20〕 何小顏，〈花的檔案〉（台北：商務印書館，2001年），頁192。

〔註21〕 肉桂又稱「菌桂」、「牡桂」、「玉桂」、「簡桂」、「官桂」、「椒桂」，爲，樹皮、枝葉和花果皆可入菜製藥，亦可提煉桂油。二者名稱和功能相似，古籍中時常混淆。

〔註22〕 （清）李漁，《閒情偶寄》（台北：明文書局，2002年），〈種植部〉，頁242。

〔註23〕 廖盛春編，《二十四史成語典故》（廣西：廣西民族出版社，2008年），頁124。

〔註24〕 何小顏，《花的檔案》（台北：商務印書館，2001年），頁115。

〔註25〕 全啓華譯著，《詩經》（江蘇：古籍出版社，1984年），頁14。

〔註26〕 （唐）崔護，〈題都城南莊〉，收錄於《全唐詩》（台北：明倫出版社，1971年），第6冊，頁4148。

〔註27〕 （宋）李昉，《太平廣記》，收錄於文懷沙編，《隋唐文明》，第47卷，頁563。

〔註28〕故有「短命花」之稱，但仍然大受歡迎，被視為祥瑞的象徵。晉代宗懍《荊楚歲時記》記載，桃花是「五行之精，厭伏邪氣，制百鬼也。」〔註29〕而在大年初一時，「長幼悉正衣冠，以次拜賀，進椒柏酒，飲桃湯。」以去除穢氣。〔註30〕

　　茉莉（*Jasminum*），為木樨科、素馨屬常綠灌木或藤本植物，又名抹利、暗麝、鬘華、素柰。並非中國原產，《南方草木狀》中云：「皆胡人自西國移植於南海，南人憐其芳香，競植之。」〔註31〕由於較不耐寒，因此適合種於熱帶和亞熱帶，《花鏡》稱其「多生於南方暖地」，〔註32〕以廣東、福建一帶為主要栽培區；蘇州、杭州、南京等地雖亦可種植，但冬季時仍須移往室內或溫室來保暖抗寒，相對的栽培成本提高，因此售價也更甚於閩廣。

　　古代婦女時常將茉莉作為妝點鬢髻之用。李漁《閒情偶寄》曾提到：

　　　　茉莉一花，單為助妝而設，其天生以媚婦人者乎？是花皆曉開，此
　　　　獨暮開。暮開者，使人不得把玩，秘之以待曉妝也。是花蒂上皆無
　　　　孔，此獨有孔。有孔者，非此不能受簪，天生以為立腳之地也。若
　　　　市則婦人之妝，乃天造地設之事耳。〔註33〕

李漁認為，百花之中屬茉莉最適合用來點綴於髮簪之上，是最天然的裝飾品。此外，又可作為芳香劑，用於化妝品及衛生用品中，例如《金瓶梅》中曾提到「茉莉花肥皂」。〔註34〕而明清以來，人們時常以茉莉花窨製茶葉，稱作「香片」，亦能入酒，都深受喜愛。

　　牡丹（*Paeonia suffruticosa*），為芍藥科、芍藥屬落葉小灌木，花姿豔麗，素有「富貴花」、「國色天香」之美稱。其花容豔麗出色，因此是古代很重要的觀賞植物，且因皇帝的青睞而名傾朝野，見重於時。據宋代高承《事物紀原》中記載，「隋煬帝世始傳牡丹，唐人亦曰木芍藥。開元時宮中民間競尚之，

〔註28〕（清）陳淏子，《花鏡》（北京：農業出版社，1962年），頁173。
〔註29〕（晉）宗懍，《荊楚歲時記》（湖北：人民出版社，1985年），頁5。
〔註30〕（晉）宗懍，《荊楚歲時記》（湖北：人民出版社，1985年），頁5。
〔註31〕（晉）稽含，《南方草木狀》，收錄於《叢書集成新編》（台北：新文豐出版社，1985年），第44冊，頁2。
〔註32〕（清）陳淏子，《花鏡》（北京：農業出版社，1962年），頁248。
〔註33〕（清）李漁，《閒情偶寄》（台北：明文書局，2002年），〈種植部〉，頁244。
〔註34〕（明）笑笑生，《金瓶梅》（台北：文化圖書公司，1972年），第27回，頁96。

今品極多也。」〔註35〕紐琇《亳州牡丹述》中提到:「唐人謂之木芍藥,天寶中得紅紫淺紅通白四本,移植於興慶東沈香亭,會花開,明皇引太真歡賞,李白進清平調三章,而牡丹之名於是乎著然。」〔註36〕由於牡丹受到帝王的知遇,文人的詠唱,其身價也隨之扶搖直上,在唐代和北宋達到全盛時期。

牡丹原本以長安為栽培中心,但卻在洛陽大放異彩,相傳為「武后冬日遊後苑,花俱開,而牡丹獨遲,遂貶于洛陽,故今言牡丹者以西洛為冠。」〔註37〕雖然稗官野史不可盡信,然而北宋以後牡丹以洛陽為盛,的確是不爭的事實,受歡迎的程度不減當年,更有眾文人為之作記。雖然南宋時梅花後來居上,不過喜愛者仍眾,明清二代以亳州、曹州仍多有栽培,《花鏡》仍喻為「花中之王」。〔註38〕。

玉蘭（*Magnolia denudata*）,屬木蘭科、木蘭屬常綠中喬木,因「香味似蘭」,〔註39〕故稱為玉蘭,別名望春、玉堂春,而古代慣稱為「木蘭」。原產於中國中部山野中,「花開九瓣,碧白色如蓮,心紫綠而香」,〔註40〕是知名的觀賞植物,常用來妝點於寺觀庭園之中,民間傳統的宅院中講究「玉棠春富貴」,玉即玉蘭、棠即海棠、春即迎春、富為牡丹、貴乃桂花,取純潔如玉、吉祥如玉和富貴滿堂之意。

相傳清代皇室佈置庭院時,特重玉蘭。乾隆為了祝賀其母后的誕辰,曾以重金蒐購,大興土木,廣植玉蘭,而有「玉香海」的美稱。〔註41〕玉蘭的花瓣質厚而清香,可裹面油煎食用,又可糖漬,香甜可口,時常見於清代食譜與文人筆記之中。

芙蓉（*Hibiscus mutabilis*）,是錦葵科、木槿屬的落葉灌木或小喬木,又被稱為「木芙蓉」、「地芙蓉」、「木蓮」,與「水芙蓉」荷花相呼應。花期在晚秋至初冬之間,節氣「霜降」之後,因此又稱為「拒霜花」。原產自中國

〔註35〕　（宋）高承,《事物紀原》,收錄於《惜陰軒叢書》（台北:藝文出版社,1967年。）

〔註36〕　（清）紐琇,《亳州牡丹述》,收錄於《叢書集成續編》（台北:新文豐出版社,1985年）,第83冊,自然科學類,頁551。

〔註37〕　（宋）高承,《事物紀原》,收錄於《惜陰軒叢書》（台北:藝文出版社,1967年）。

〔註38〕　（清）陳淏子,《花鏡》（北京:農業出版社,1962年）,頁94。

〔註39〕　（明）王象晉,《群芳譜》（北京:農業出版社,1985年）,頁231。

〔註40〕　（清）陳淏子,《花鏡》（北京:農業出版社,1962年）,頁107。

〔註41〕　陳俊愉,《中國花經》（上海:上海文化出版社,1990年）,頁187。

西南部，四川爲主要產區，《花鏡》云：「昔蜀後主城上盡種芙蓉，名曰錦城。」
〔註42〕因此成都又稱爲「芙蓉城」。花型大而艷麗，適合群植，甚爲壯觀，《長
物志》稱其「宜植池岸，臨水爲佳，若他處植之，絕無豐致。」〔註43〕芙蓉
忌乾旱，故遍及河川江水的沿岸，蘇堤爲觀賞芙蓉的名勝景點之一，宋吳自
牧《夢梁錄》記載當時盛況：「木芙蓉，蘇堤兩岸如錦，湖水影而可愛。內
廷亦有芙蓉閣，開時最盛。」〔註44〕可以想見芙蓉傍水而生，風姿綽約，十
分動人。

　　芙蓉的品種極多，其中又以「醉芙蓉」最爲特別，能在一日之中顏色數
變，「早開純白，向午桃紅，晚變深紅」，令人嘖嘖稱奇。〔註45〕另外兼具觀
賞和實用價值，可作爲藥材或染劑。

　　荼蘼（*Rubus rosifolius var. coronarius*），薔薇科、薔薇屬落葉或半常綠蔓
生灌木。原產於中國，主要分布於秦嶺以南。《紅樓夢》第六十三回〈壽怡紅
群芳開夜宴，死金丹獨艷理親喪〉中，眾人行酒令花籤，其中有一段：

　　　麝月便掣了一根出來。大家看時，這面上一枝荼蘼花，題著「韶華
　　　勝極」四字，那邊寫著一句舊詩，道是：「開到荼蘼花事了。」注云：
　　　「在席各飲三杯送春。」〔註46〕

從「韶華勝極」和「送春」可見得荼蘼花的季節性，生於春末夏初，「當春盡
時開也」。〔註47〕而當荼蘼綻放的時候，也就是群芳消歇之時，因此又被稱爲
「獨步春」。

　　古代常見「荼蘼」與「酴醾」二字通用，後者本指古代蜀地名酒。《群芳
譜》中云：「本作荼蘼，一種色黃似酒，故加酉字。」〔註48〕王象晉則認爲二
者本非同一物，但由於顏色相似，且讀音恰好也相同，因此時常被混淆，而
逐漸通用之。不過，宋代確實曾有以荼蘼釀製的「酴醾酒」。據朱肱《酒經》
記載：「七分開酴醾，摘取頭子，去青萼，用沸湯焯過，扭乾。浸法：酒一升，

〔註42〕　（清）陳淏子，《花鏡》（北京：農業出版社，1962 年），頁 154。
〔註43〕　（清）文震亨，《長物志》，收錄於于玉安編，《中國歷代美術典籍匯編》（天
　　　　　津：天津古籍出版社，1997 年），第 24 冊，頁 9。
〔註44〕　（宋）吳自牧，《夢梁錄》（浙江：浙江人民出版社，1980 年），頁 168。
〔註45〕　（清）陳淏子，《花鏡》（北京：農業出版社，1962 年），頁 153。
〔註46〕　（清）曹雪芹，《紅樓夢》（台北：聯經出版社，2010 年），中冊，第 63 回，
　　　　　頁 863。
〔註47〕　（清）陳淏子，《花鏡》（北京：農業出版社，1962 年），頁 260。
〔註48〕　（明）王象晉，《群芳譜》（北京：農業出版社，1985 年），頁 249。

經宿，漉去花頭，勻入九升酒內。此洛中法。」〔註49〕雖不知是否爲歷史沿革下的誤會，但也可看出荼蘼的實用性質。

栀子花（*Gardenia jasminoides*），爲茜草科、栀子屬常綠灌木。原產於中國長江流域以南，《本草綱目》記載：「卮，酒器也，卮子象之，故名，俗作栀。」〔註50〕又名越桃、木丹、林蘭、鮮支。其「色白而香烈」，〔註51〕可作爲芳香劑以及食材。此外，也是古代常用的染料，榨其果實可得黃色汁液，可用於織物的浸染以及各種生活器物中。〔註52〕根據柳宗元〈鞭賈〉一文中，提到一條馬鞭「今之栀其貌，蠟其言，以求貫技於朝，當其分則善。」，〔註53〕雖然該文意指馬鞭虛有其表，但也可見得，以栀子染色後可提高物品價值，是有利的經濟作物，故在古代時有「栀子茜千石亦比千乘之家」之語。〔註54〕

三、草本植物花卉

草本植物，是指沒有主莖，以及雖然有主莖但並不具木質化，或僅有基部木質化的植物，一般稱爲「草」。相對於木本植物而言，其支撐力較低且壽命較短，部分草本植物的生命周期僅只有一年。本書以蘭花、菊花、荷花、萱花、芍藥、百合爲代表。

蘭（*Orchidaceae*），爲蘭科多年生草本植物，又名胡姬花。性喜溫暖濕潤，產地遍及全球，而中國地處溫帶和亞熱帶氣候區，更是蘭花分佈的中心，以東南、西南地區爲多。蘭花屬於蘭科、蘭屬，較常見者爲春季開花的春蘭、春箭，夏季開花的蕙蘭、台蘭，秋季開花的建蘭、彰蘭，冬季開花的墨蘭、寒蘭，以上皆屬地生蘭，另有附生蘭和腐生蘭，品種眾多，是最具多樣性的開花植物。

宋黃庭堅（1045～1145）云：「士之才德蓋一國，則曰國士；女之色蓋一國，則曰國色；蘭之香蓋一國，則曰國香。」〔註55〕蘭花因其清雅幽遠的花

〔註49〕 （宋）朱肱，《酒經》，收錄於《筆記小說大觀》（台北：新興書局，1978年），第六冊，頁1245。

〔註50〕 （明）李時珍，《本草綱目》，收錄於《景印文淵閣四庫全書》（台北：商務印書館，1986年），第80冊，子部，醫家類，頁774～103。

〔註51〕 （清）陳淏子，《花鏡》（北京：農業出版社，1962年），頁131。

〔註52〕 何小顏，《花的檔案》（台北：商務印書館，2001年），頁153。

〔註53〕 （唐）柳宗元，〈鞭賈〉，收錄於《柳宗元全集》（上海：上海古籍出版社，1997年），頁175。

〔註54〕 （明）王象晉，《群芳譜》（北京：農業出版社，1985年），頁235。

〔註55〕 （宋）黃庭堅，〈書幽芳庭〉，收錄於《黃庭堅全集》（四川：四川大學出版社，

香而備受推崇，被尊稱爲「國香」。而孔子首先將蘭花與君子相提並論，主張
君子立身處世應當追效蘭花的風範：

> 與善人居，如入芝蘭之室，久而不聞其香，即與之化矣；與不善人
> 居，如入鮑魚之肆，久而不聞其臭，亦與之化矣。丹之所藏者赤，
> 漆之所藏者黑。是以君子必慎其所處者焉。〔註56〕

由於孔子的提倡，也提升了蘭花在中國人心中的地位，視爲「君子之花」，與
梅、竹、菊合稱爲「四君子」。宋末畫家鄭思肖（1241～1318）以露根無土的
「失根蘭」，象徵民族氣節和思國懷鄉的之情，抒發思念宋室的愛國情操。

　　菊（*Chrysanthemum*），是菊科、菊屬多年生草本植物，又名節華、女華、
傅延年、陰成、更生、朱嬴、女莖、金蕊等，別名眾多。原產於中國，本作
爲食材之用，屈原〈離騷〉中即有「朝飲木蘭之墜露兮，夕餐秋菊之落英」
之句。〔註57〕《西京雜記》也提到在重陽節時，人們飲用菊花釀製而成的
酒：「菊花舒時，並採莖葉，雜黍米釀之，至來年九月九日始熟，就飲焉。」
〔註58〕

　　晉末陶淵明（365～427）〈飲酒〉：「採菊東籬下，悠然見南山」，〔註59〕
除了展現超然悠遠的氛圍外，更反映了在當時，菊花已成爲人工栽培的園藝
作物。受到了陶淵明的影響，菊花也逐漸成爲文人雅士吟詠的對象，〔註60〕
例如白居易、劉禹錫、唐琬等人皆曾藉以菊花來抒情。

　　《花鏡》云：「春、夏、秋、冬俱有菊，究竟開於秋冬者最正」，〔註61〕
其中又以黃菊最受歡迎。李清照（1084～1156）〈醉花陰〉：「莫道不消魂，
簾捲西風，人比黃花瘦」中，〔註62〕所提到的黃花即指菊花。而菊花是「四

　　　　　2001 年），第 2 冊，頁 705。

〔註56〕（魏）王肅注，《孔子家語》，收錄於《孔子文化大全》（山東：山東友誼書社，
　　　　　1991 年），頁 364。

〔註57〕（戰國）屈原，〈離騷〉，收錄於吳平，《楚辭文獻集成》（揚州：廣陵書社，
　　　　　2008 年），頁 2284。

〔註58〕（漢）劉歆撰，葛洪編，《西京雜記》，收錄於《景印文淵閣四庫全書》（台北：
　　　　　商務印書館，1986 年），子部，小說家類，卷三，頁 1035～14。

〔註59〕（晉）陶淵明，〈飲酒〉，收錄於高海夫、金性堯編，《陶淵明》（台北：地球
　　　　　出版社，1993 年），頁 135。

〔註60〕（清）陳淏子，《花鏡》（北京：農業出版社，1962 年），頁 374。

〔註61〕（清）陳淏子，《花鏡》（北京：農業出版社，1962 年），頁 374。

〔註62〕（宋）李清照，〈醉花陰〉，收錄於《李清照全集評注》（山東：濟南出版社，
　　　　　1990 年），頁 306。

君子」之一，代表的是無論出處進退，都不畏寂寞的隱士精神，也象徵著君子安貧樂道的風骨。

荷（*Nelumbo nucifera*），睡蓮科、蓮屬的多年生草本挺水植物。又稱蓮、芙蕖、水芝、水芸、水芙蓉、草芙蓉、玉環、六月春、中國連、水旦、澤芝、靜客、浮客、花君子等名。一九七三年，在浙江餘姚縣河姆渡考古遺址中，挖掘出荷花的花粉化石，另外在河南鄭州市的仰韶考古遺址中也發現了碳化蓮子，〔註63〕顯示荷花原產於中國，且早在七千多年前即在中國出現，有很深的歷史淵源。荷花很早就見於古籍，《詩經・陳風》曰：「彼澤之陂，有蒲與荷」。〔註64〕《詩經・鄭風》又云：「山有扶蘇，隰有荷華」，〔註65〕皆說明荷花天性喜水，凡是水鄉澤國都可見其芳蹤。

荷花品種極多，有單瓣、多瓣等花型，又分深紅、粉紅、白或複色等，花大色麗，具有極高的觀賞價值，時常被裝飾於宮苑池庭中，例如吳王夫差（？～473 B.C.）的「完花池」、三國魏宮的「芙蓉園池」、西晉東宮的「玄圃池」、唐代大明宮的「太液池」、宋代的「披庭水殿」、明清時期「頤和園昆明湖」、「圓明園福海」等等，均栽有荷花，且多為名貴品種，以供帝王后妃們賞玩。〔註66〕

荷花各部位皆有專名。根據《花鏡》釋名：「其蕊曰菡萏，結實如蓮房，子曰蓮子，葉曰蕸，其根曰藕，蓮子曰菂，菂中曰薏」。〔註67〕全株皆可食用，例如蓮藕、蓮子是家喻戶曉的食物，蓮蓬可以生吃亦可熟食。明代《山家清供》中載有一道「蓮房魚包」：「將蓮花中嫩房去穰截底，剜穰留其孔，以酒醬、香料加活鱖塊實其內，仍以底座甑內蒸熟，或中外塗以蜜。」〔註68〕蓮葉亦可利用，屈大均在《廣東新語》中記載：「東莞以香粳、雜魚、肉諸味，包荷葉蒸之，表裡香透，名曰荷包飯。」〔註69〕顯見荷花極具食用價值。

古代文人認為荷花聖潔高雅，潛根於水下，浮榮於水面，與諸花大異其趣，因此在詩文中時有讚揚。曹植（192～232）在《芙蓉賦》中說「覽百卉

〔註63〕何小顏，《花的檔案》（台北：商務印書館，2001年），頁165。
〔註64〕全啓華譯著，《詩經》（江蘇：古籍出版社，1984年），〈澤陂〉，頁305。
〔註65〕全啓華譯著，《詩經》（江蘇：古籍出版社，1984年），〈山有扶蘇〉，頁187。
〔註66〕何小顏，《花的檔案》（台北：商務印書館，2001年），頁165～166。
〔註67〕（清）陳淏子，《花鏡》（北京：農業出版社，1962年），頁348。
〔註68〕（明）林洪，《山家清供》（北京：中華商業出版社，1985年），頁17。
〔註69〕（清）屈大均，《廣東新語》（北京：中華書局，1997年），下冊，頁380。

之英茂，無斯華之獨靈」。〔註70〕周敦頤（1017～1073）《愛蓮說》則是詠荷的千古名句：「予獨愛蓮之出淤泥而不染，濯清漣而不妖，中通外直，不蔓不枝；香遠益清，亭亭淨植；可遠觀而不可褻玩焉。」〔註71〕《群芳譜》中則云：「凡物先華而後實，獨此華實齊生。百節疏通，萬竅玲瓏，亭亭物華，出於淤泥而不染，花中之君子也。」〔註72〕而荷花又與佛教有密切關係，因其純潔崇高的性質，被喻為菩薩在生死煩惱中出生，又從生死煩惱中開脫，故有「蓮花藏世界」之說。而荷花又為報身佛所居之淨土，因此許多佛像皆以荷花為佛像座。〔註73〕

萱（*Hemerocallis fulva*），百合科、萱草屬植物。原產於中國秦嶺以南，「初發如黃鵠嘴，開則六出，色黃微帶紅暈，朝放暮蔫」，〔註74〕花型似百合，呈漏斗狀，顏色黃中帶紅。學名「Hermerocallis」源自於希臘文，即表示「一日之美」，西方人稱她為「一日百合」，以其花僅開一日為名。

萱的栽培歷史悠久，《詩經·衛風》中有描述：「焉得諼草？言樹之背。願言思伯，使我心痗。」〔註75〕其中「諼」即為萱，在文中藉萱來忘卻思念的憂愁。而白居易詩云：「杜康能解悶，萱草能忘憂」，〔註76〕可見得古時認為萱能舒緩情緒，排解憂悶，故又稱為「忘憂草」、「療愁花」；也有「母親」之意，如「椿萱並茂」比喻父母均健在、「萱萎北堂」則是哀悼母親過世的輓詞。

除了象徵意義外，萱亦有其實用價值。例如葉子可製為書寫用的「萱紙」。也可以食用，《群芳譜》中記載：「春食苗，夏食花」。〔註77〕前者為尚未綻放、呈淡綠色的花蕾，即為「黃花菜」、「金針菜」；後者是已經發育成熟的花瓣，則可「入梅醬砂糖，可作美菜。」〔註78〕但並非每一個品種皆可食用，「惟千

〔註70〕　（三國）曹植，〈芙蓉賦〉，收錄於《新譯曹子建集》（台北：三民書局，2003年），頁107。

〔註71〕　（宋）周敦頤，〈愛蓮說〉，收錄於《元公周先生濂溪集》（湖南：岳麓書局，2006年），頁99。

〔註72〕　（明）王象晉，《群芳譜》（北京：農業出版社，1985年），頁72。

〔註73〕　陳俊愉，《中國花經》（上海：上海文化出版社，1990年），頁152。

〔註74〕　（清）陳淏子，《花鏡》（北京：農業出版社，1962年），頁337。

〔註75〕　全啓華譯著，《詩經》（江蘇：古籍出版社，1984年），〈伯兮〉，頁143。

〔註76〕　（唐）白居易，〈酬夢得比萱草見贈〉，收錄於《全唐詩》（台北：中華書局，1999年），14冊，頁5221。

〔註77〕　（明）王象晉，《群芳譜》（北京：農業出版社，1985年），頁253。

〔註78〕　（明）王象晉，《群芳譜》（北京：農業出版社，1985年），頁253。

葉紅花者不可用，食之殺人」。〔註79〕

芍藥（*Paeonia lactiflora*），又名「將離」，源自於《詩經‧鄭風》中「維士與女，伊其將謔，贈之以勺藥。」〔註80〕顯示古代將芍藥作爲約定之物，贈送給即將離別的情人，因此得名。「芍藥著於三代之際，風雅所流詠也。」〔註81〕芍藥原產自中國，栽培歷史甚早，以揚州一帶爲盛，在明清時廣泛培植，《花鏡》云：「惟廣陵者爲天下最」；〔註82〕又道：「四方競尚，俱有美種佳花也。」〔註83〕

芍藥品種極多，古代已能分辨之，有紅、黃、白、紫數色，其中以黃爲最佳。清代《花鏡》收錄了近九十種，並稱其「芍植得宜，則花之盛，更過於牡丹。」〔註84〕

而關於芍藥有一段趣聞，沈括（1031～1095）《夢溪補筆談》中記載了一段「四相簪花宴」的故事：

> 韓魏公慶曆中以資政殿學士帥淮南，一日，後園中有芍藥一榦分四岐，岐各一花，上下紅，中間黃蕊間之。當時揚州芍藥，未有此一品，今謂之「金纏腰」者是也。公異之，開一會，欲招四客以賞之，以應四花之瑞。時王岐公爲大理寺評事通判，王荊公爲大理評事簽判，皆召之，尚少一客，以判鈐轄諸司使忘其名官最長，遂取以充數。明日早衙，鈐轄者申狀暴泄不至，尚少一客，命取過客曆，求一朝官足之。過客中無朝官，唯有陳秀公時爲大理寺丞，遂命同會。至中筵，翦四花，四客各簪一枝，甚爲盛集。後三十年間，四人皆爲宰相。〔註85〕

文中韓琦、王珪、王安石、陳升之四人，後來皆高昇爲宰相，民間流傳是因共賞了芍藥而官運亨通；而臨時因腹痛而不克前來的「判鈐轄諸司使」，則無緣晉升。也因此，芍藥被稱作「花中之相」，同時也與花型相仿、被稱作「木芍藥」、「花中之王」的牡丹花並稱爲「一王一相」。

〔註79〕 （清）陳淏子，《花鏡》（北京：農業出版社，1962年），頁337。
〔註80〕 全啓華譯著，《詩經》（江蘇：古籍出版社，1984年），〈溱洧〉，頁203。
〔註81〕 陳俊愉，《中國花經》（上海：上海文化出版社，1990年），頁195。
〔註82〕 （清）陳淏子，《花鏡》（北京：農業出版社，1962年），頁305。
〔註83〕 （清）陳淏子，《花鏡》（北京：農業出版社，1962年），頁306。
〔註84〕 （清）陳淏子，《花鏡》（北京：農業出版社，1962年），頁306。
〔註85〕 （宋）沈括，《夢溪補筆談》，收錄於《夢溪筆談》（台北：商務印書館，1968年），頁24。

百合（Lilium），是百合科、百合屬的多葉莖草本植物。因「相合如蓮瓣，故曰百合。」〔註86〕又名摩羅、重箱、中逢花、百合蒜、蒜腦藷、夜合花、摩羅春等名。性喜溫涼，主要分布在中國、日本、北美和歐洲等溫帶地區，其中以中國西南及華中地區為主要產區。品種極多，古代較知名者有「天香百合」、「麝香」、「回頭見子」、「山丹」等。

百合的實用價值極高，《本草綱目》將之列入「菜部」，極具養生功能，可以治療腹脹、心痛、去除浮腫、身體痠痛等多樣疾病。〔註87〕百合非常適合食用，屈大均《廣東新語》稱其可與肉類混合烹煮，或用蜜蒸熟，讚為「山中之仙蔬也。」〔註88〕

第二節　花材料理的沿革與形成

在討論清代花材飲食文化之前，必須先釐清其發展脈絡，才能了解其形成背景和原因。

在中國燦爛輝煌的飲食文化中，花材料理是一項獨特的飲食形式，有著數千年的發展過程，經歷了長久的開發和演進。最初以飲料和調味品為主，逐漸發展出較複雜的料理形式，直至清代時達到鼎盛。

一、清代以前花材料理的發展

食用花卉的歷史甚為久遠，可追溯至先秦時代。《呂氏春秋・本味》中記載，商初宰相伊尹，原為湯王的廚師，由於不甘屈為奴隸，因此他藉由「庖中至味」——如魚、肉、飯、水和果等食材，向湯王表達治世理念，並且在論及蔬菜類時提到：

> 菜之美者：崑崙之蘋，壽木之華。指姑之東，中容之國，有赤木玄
> 木之葉焉。餘瞀之南，南極之崖，有菜，其名曰嘉樹，其色若碧。
> 陽華之芸。雲夢之芹。具區之菁。浸淵之草，名曰土英。〔註89〕

華和英，都具有花卉的意思，證明當時人們的飲食觀念中，花卉是屬於可食

〔註86〕（清）屈大均，《廣東新語》（北京：中華書局，1985年），下冊，頁716。
〔註87〕（明）李時珍，《本草綱目》，收錄於《景印文淵閣四庫全書》（台北：商務印書館，1986年），第79冊，子部，醫家類，頁773～570。
〔註88〕（清）屈大均，《廣東新語》（北京：中華書局，1985年），下冊，頁716。
〔註89〕（戰國）呂不韋，《呂氏春秋》（台北：暢談國際文化事業出版社，2003年），頁140。

用的蔬菜類。其中最著名的是「桂花酒」，發源於南方楚國，作爲祭祀時奠享神靈的貢品，〔註90〕例如《楚辭》中提到，《九歌·東皇太一》：「蕙肴蒸兮蘭藉，奠桂酒兮椒漿」。〔註91〕東漢王逸《楚辭章句》則描述了製作方法：「桂酒，切桂置酒中也。椒漿，以椒置漿中也。言巳供待彌敬乃以蕙草蒸肴，芳蘭爲藉，進桂酒椒漿以備五味也。」〔註92〕

漢代時，出現了菊花酒，又稱爲黃花酒、金花酒、落英酒，與重陽節淵源甚深。相傳漢代汝南人桓景，向費長房學習仙術，一日費長房向桓景示警道：「九月九日，汝家中當有災，宜急去，令家人依各作絳囊，盛茱萸以繫臂，登高飲菊花酒，此禍可除。」〔註93〕桓景聽從其言，當日依其方法，舉家避難。因此，漢代便流行於九月九日時配戴茱萸，飲菊花酒來避凶。同樣的，在上層社會也流行此道，劉歆《西京雜記》記載，漢高祖的寵妃戚夫人，有一侍女賈蘭之，回憶起宮中生活時提到：「九月九日佩茱萸，食蓬餌，飲菊花酒，令人長壽。菊花舒時并採莖葉雜黍米釀之，至來年九月九日始熟，就飲焉，故謂之菊花酒。」〔註94〕

除了菊花酒，漢代時也發明了芍藥醬。枚乘（？～140 A.D）《七發》中提到：「熊蹯之臑，芍藥之醬」，〔註95〕以香嫩的熊掌沾取芍藥花調製的醬汁來食用。此外，清代陳元龍《格致鏡原》中引〈洞冥記〉云：「漢昭帝遊柳池，中有紫色芙蓉大如斗，花葉甘，可食，芬氣聞十里。」〔註96〕綜合上述，可得知漢代時花材料理逐漸多樣化，食用的花卉種類也逐漸增加。

魏晉時，桂花酒仍然是爲人崇尚的飲品，可使人長壽。〔註97〕部分花卉受到道教的影響，依附神話傳說，而充滿神秘氣息且更加熱門。相傳許多道

〔註90〕何小顏，《花的檔案》（台北：商務印書館，2001年），頁308。

〔註91〕（戰國）屈原，〈九歌〉，收錄於吳平，《楚辭文獻集成》（揚州：廣陵書社，2008年），頁2377。

〔註92〕（漢）王逸，《楚辭章句》（台北：藝文印書館，1967年），頁82。

〔註93〕王星光、高歌，〈中國古代花卉飲食考略〉，《農業考古》，2006年，1期，頁192。

〔註94〕（漢）劉歆，《西京雜記》，收錄於《景印文淵閣四庫全書》（台北：商務印書館，1986年），子部，小說家類，頁1035～14。

〔註95〕（漢）枚乘，《七發》。轉引自王星光、高歌，〈中國古代花卉飲食考略〉，《農業考古》，2006年，1期，頁192。

〔註96〕（清）陳元龍，《格致鏡原》（揚州，江蘇古籍出版社，1987年），卷七十二，〈洞冥記〉，頁7。

〔註97〕（宋）李昉，《太平廣記》（北京：中華書局，1986年），頁3954。

士因服用能輕身延年的花卉，因此得道升天。例如〈名山記〉云：「道士侏孺子，吳末入玉筍山，服菊花乘云升天。」〔註98〕葛洪《神仙傳》也記載：

> 鳳綱，漁陽人也。常采百草花，以水漬封泥之，自正月始，盡九月末止，埋之百日，煎九火。卒死者，以藥內口中，皆立活。綱常服此藥，至數百歲不老，後入地肺山中仙去。〔註99〕

雖然這些傳說不可盡信，但也證明了魏晉時，人們十分推崇及仰賴花卉的養生功能。

唐代時，由於上層社會盛行賞花活動，園藝栽培十分盛行，相對的花材的使用也更加多元，其中又多用於製酒。菊花酒在唐代仍受到普遍喜愛，《新唐書》記載，唐中宗時「秋登慈恩浮圖，獻菊花酒稱壽。」〔註100〕宋之問〈奉和九日幸臨渭亭登高應制得歡字〉：「令節三秋晚，重陽九日歡。仙杯還泛菊，寶饌且調蘭。御氣云霄近，乘高宇宙覽。今朝萬壽引，宜向曲中彈。」〔註101〕魏徵《五郊樂章・雍和》：「苾苾蘭羞，芬芬桂醑」，〔註102〕及《郊廟歌辭・武后大享昊天樂章》：「蘭羞委奠，桂醑盈酌。」。〔註103〕

其他文獻亦提及不同種類的花卉酒。李嶠〈甘露寺侍宴應制〉中提及桂花酒和榴花酒：「月宇臨丹地，雲窗網碧紗。御筵陳桂醑，天酒酌榴花。水向浮橋直，城連禁苑斜。承恩恣歡賞，歸路滿煙霞。」〔註104〕馮贄《雲仙雜記》：「房壽六月召客，坐糠竹簟，憑狐文几，編香藤為組，刳椰子為盞，擣蓮花製碧芳酒。」〔註105〕《敘聞錄》記載：「憲宗採鳳李花釀換骨醪。晉國公平淮西回，黃把金瓶恩賜二斗。」〔註106〕《新唐書》中也記載，宰相

〔註98〕 （清）陳元龍，《格致鏡原》（揚州，江蘇古籍出版社，1987年），卷七十三，〈名山記〉，頁2。

〔註99〕 （晉）葛洪撰，周國林譯注，《神仙傳全譯》（貴州：貴州人民出版社，1998年），卷八，頁189。

〔註100〕 （宋）歐陽修，《新唐書》（北京：中華書局，1975年），卷二〇二，頁5748。

〔註101〕 （唐）宋之問，〈奉和九日幸臨渭亭登高應制得歡字〉。收錄於《全唐詩》（北京：中華書局，1999年），1冊，頁635。

〔註102〕 彭定求等編，《全唐詩》，第一冊（河南：中州古籍出版社，1996年），頁248。

〔註103〕 （唐）《郊廟歌辭・武后大享昊天樂章》，收錄於《全唐詩》（北京：中華書局，1999年），1冊，頁92。

〔註104〕 （唐）李嶠，〈甘露寺侍宴應制〉，收錄於《全唐詩》（北京：中華書局，1999年），2冊，頁693。

〔註105〕 （唐）馮贄，《雲仙雜記》（北京：中華書局，1998年），頁25。

〔註106〕 （清）陳元龍，《格致鏡原》（揚州，江蘇古籍出版社，1987年），卷七十，〈敘

李絳（764～830）爲人正直，直言勸諫，被憲宗稱讚爲「眞宰相」，因此賜以荼蘼酒。〔註107〕王象晉《群芳譜》中也提到：「唐時，寒食宴宰相用荼蘼酒。……召侍臣學士食櫻桃，飲荼蘼酒，盛以琉璃盤，和以香酪。」〔註108〕由上述可知，花卉酒多用於祭祀和賞賜，推論在當時被視爲具有珍貴價值的飲品。

除了製酒，花卉在唐代時，也被用來煮粥做菜。相傳武則天曾命令宮女以大量的花卉和米搗碎，蒸製成「百花糕」，於每年花朝節時作爲禮品賞賜群臣。〔註109〕《雲仙雜記》提到了桃花粥和蘭花粥：「洛陽人家，正旦造雞絲蠟口，燕粉荔枝。正月十五造火娥兒、玉粱糕，寒食裝萬花輿，煮桃花粥。」〔註110〕又云：「蘭先生坐琴莊，食蘭香粥。有鳩至街上，先生以匙擲飼之。漸進，至先生肩，遂盡此粥。後日，鳩以千百者至，先生皆飼之。」〔註111〕

唐末五代時，雖經歷政局變動及社會動盪，但愛花風氣卻絲毫不減，牡丹仍爲當時最受歡迎且最爲名貴的觀賞植物。後蜀禮部尚書李昊甚愛牡丹，將凋謝的牡丹以油煎之，〔註112〕這可能是花材料理中，首次使用「煎」法來烹調花卉。〔註113〕由此也可見得，食用花卉是愛花、惜花之情的極致表現，除了觀賞盛開的花朵，凋零枯萎時的花瓣也不忍丟棄，可說是物盡其用，未有絲毫浪費。

宋代時，花材料理的種類和製作方式更加多元。林洪《山家清供》是中國花材飲食文化中非常珍貴的一部文獻，該書紀錄了「蜜漬梅花」、「百合麵」、「湯綻梅」、「金飯」、「梅粥」、「荼蘼粥」、「雪霞羹」、「廣寒糕」、「黃菊煎」、「梅花湯餅」、「松黃餅」、「紫英菊」等十多種花材料理，烹飪方法有煮、蒸、煎、炸，料理形式有菜、飯、粥、羹等，十分精彩。例如「梅花湯餅」的作法是將白梅、檀香末、水和麵粉，作成梅花形的餛飩皮，並以雞湯川燙之，

聞錄〉，頁9。

〔註107〕（宋）歐陽修，《新唐書》（北京：中華書局，1975年），卷一百五十二，頁4836。

〔註108〕（明）王象晉，《群芳譜》（北京：農業出版社，1985年），頁249。

〔註109〕何小顏，《花的檔案》（台北：商務印書館，2001年），頁317。

〔註110〕（唐）馮贄，《雲仙雜記》（北京：中華書局，1998年），頁26。

〔註111〕（唐）馮贄，《雲仙雜記》（北京：中華書局，1998年），頁52。

〔註112〕（清）陳元龍，《格致鏡原》（揚州，江蘇古籍出版社，1987年），卷七十一，〈齋漫錄〉，頁2。

〔註113〕何小顏，《花的檔案》（台北：商務印書館，2001年），頁318。

既有梅花的清新芳香，又有雞湯的營養精華。〔註114〕「金飯」是將菊花瓣以
甘草湯燙過，與未熟的米飯同煮，據云可以明目延年。〔註115〕而從名稱及製
法中可感受到，該書所收錄的花材料理，充滿與眾不同的巧思和創意，同時
也代表當時，花材料理不再侷限於上層社會，一般民眾亦能分享花材飲食文
化的雅興逸趣。而該書部分內容，被收錄於明代高濂〈飲饌服食箋〉，以及清
代顧仲《養小錄》中〈餐芳譜〉中，可見其提供的烹調製備方式，並非附庸
風雅的漫談，而是可以實踐的。更可說是承先啟後，代表著中國花材飲食文
化的一大躍進。

　　花茶在宋代時開始受到重視。例如黃庭堅（1045～1105）深諳烹茶之道，
是「以花助茶」的代表人物，其〈煎茶賦〉中對於烹茶的過程、宜忌和飲茶
的功效有精闢的見解，並舉出可以助香調味的八項材料，其中一項為甘菊：

> 不奪茗味，而佐以草石之良，所以固太倉而堅作強。於是有胡桃、
> 松實、庵摩、鴨腳、賀、靡蕪、水蘇、甘菊。既加臭味，亦厚賓客。
> 前四後四，各用其一。少則美，多則惡，發揮其精神，又益於咀嚼。
> 〔註116〕

黃庭堅認為，甘菊味道清甜馨香，若能適度調配，不僅不會喧賓奪主，又能
於飲茶時添加了咀嚼的口感。

　　然而相對於「助茶」，亦有反對者。蔡襄（1012～1067）〈茶錄〉認為茶
葉天然的香芬並非其他香料可以比擬，即便是珍貴的龍腦也有所不及，甚至
有損茶的本味：「茶有真香，而入貢者微以龍腦和膏，欲助其香。建安民間試
茶，皆不入香，恐奪其真，若烹點之際，又雜以珍果香草，其奪益甚，正當
不用。」〔註117〕然而，飲食習慣見仁見智，各有所好。但可見得宋代時確實
存在以利用龍腦、珍果和香草來助香的現象。

　　宋、元時期的香料茶仍以麝香、龍腦等香料為主，花卉茶僅佔次要地位。
到了明代時，花卉才取代香料，成為香料茶中主流。〔註118〕沖泡方式亦有變

〔註114〕（宋）林洪，《山家清供》（北京：中華商業出版社，1985年），頁22～23。
〔註115〕（宋）林洪，《山家清供》（北京：中華商業出版社，1985年），頁54。
〔註116〕（宋）黃庭堅，〈煎茶賦〉。收錄於劉琳等編，《黃庭堅全集》（四川：四川大
　　　　學出版社，2001年），頁302。
〔註117〕（宋）蔡襄，〈茶錄〉。收錄於陳慶元等校注，《蔡襄全集》（福建：福建人民
　　　　出版社，1999年），頁672。
〔註118〕張宏庸，《茶與花》（台北：茶學文學出版社，1987年），頁38。

化，宋代流行時，流行將花葉直接浸泡至茶水之中，明代以後則出現精工釀造的花茶。明初，朱權（1378～1448）《茶譜》：「今人以果品為換茶，莫若梅、桂、茉莉三花最佳。可將蓓蕾數枚，投於甌內罨之。少頃，其花自開，甌未至唇，香氣盈鼻矣。」〔註119〕又云：「百花有香皆可，當花盛開時，以紙糊竹籠兩隔。上層置茶，下層置花。宜密封固，經宿開換舊花。如此數日，其茶自有香味可愛。」〔註120〕文中提到，在茶葉下放置花瓣，借花香上揚而入味。同樣的，顧元慶《茶譜》也提到，將茶葉與花瓣交疊，置於磁罐中密封收存，再用水煮，香氣較不易散去：

> 木樨、茉莉、玫瑰、薔薇、蘭蕙、橘花、梔子、木香、梅花皆可作茶。諸花開時，摘其半含半放、蕊之香氣全者，量其茶葉多少，摘花為茶。花多則太香而脫茶韻，花少則不香而不盡美。三停茶葉一停花始稱。假如木樨花，須去其枝蒂及塵垢蟲蟻。用磁罐一層茶，一層花，投間至滿。紙箬繫固，入鍋重湯煮之，取出待冷。用紙封裹。置火上焙乾收用。諸花倣此。〔註121〕

除了花茶，明代也有花饌的出現。王象晉《群芳譜》中記載了可食用的花卉，如玉蘭、芍藥花、玫瑰、萱花等，高濂《遵生八箋》中也提到了金雀花、藤花、茉莉花、梔子花、玉簪花等，多著重於花卉的養生功能。

二、清代花材料理的形成原因

花材料理至清代時已趨完備，無論是飲品、主食、菜餚、點心等，數量和種類上都是歷代之冠，且不斷推陳出新，豐富了清代的飲食文化。清代花材飲食文化的形成，除了沿襲了自古以來的飲食傳統外，更在飲食風氣和觀念輿論的推波助瀾之下而蓬勃發展，不僅滿足人們口腹之欲，更與清代社會文化密切結合，造就出充滿傳統風味，但又與眾不同的花材料理。

明代中葉以後，由於消費能力提高，商品經濟蓬勃發展，社會風氣日漸奢侈豪華。嘉靖年間，張瀚（1510～1593）《松窗夢語》記載，江南一帶皆以

〔註119〕（明）朱權，《茶譜》。轉引自張宏庸，《茶與花》（台北：茶學文學出版社，1987年），頁40。

〔註120〕（明）朱權，《茶譜》。轉引自張宏庸，《茶與花》（台北：茶學文學出版社，1987年），頁40。

〔註121〕（明）顧元慶，《茶譜》。收錄於《續修四庫全書》（上海：上海古籍出版社，1995年），子部，譜錄類，頁216。

華貴的裝飾衣著爲樂：「毋論富豪貴介，紈綺相望。即貧乏者，強飾華麗，揚揚矜詡，爲富貴容。」〔註122〕又云：「人情以放蕩爲快，世風以侈靡相高，雖踰制犯禁，不知忌也。」〔註123〕宴飲聚會也十分講究排場，明人謝肇淛（1567～1624）在《五雜俎》中有此描述：

> 今之富家巨室，窮山之珍，竭水之錯，南方之蠣房，北方之熊掌，東海之鰒炙，西域之馬嬭，眞昔人所謂富有小四海者，一筵之費，竭中家之產，不能辦也。〔註124〕

又云：

> 孫承佑一宴，殺物千餘。李德裕一羹，費至兩萬，菜京嗜鶉子，日以千計，齊王好雞跖，日進七十。江無畏日用鯽魚三百，王黼庫積雀鮓三楹。口腹之慾，殘忍暴殄，至此極矣！今時王侯閣宦尚有此風。先大夫初至吉藩，遇宴一監司，主客一監司，主客三席耳，詢庖人，用鵝一十八，雞七十二，豬肉百五十斤，它物稱是，良可笑也。〔註125〕

從描述中可看出，肉製品佔絕大多數，也不乏遐方異域的珍奇物產。顧起元在《客坐贅語》指出，富家巨室是豪奢風氣的帶領者：「嘉靖十年以前，富厚之家，多謹禮法，居室不敢淫，飲食不敢過。後遂肆然無忌，服飾器用，宮室車馬，僭擬不可言。」〔註126〕

　　飲食風氣的奢侈無度，連一般中產階層也群起傚仿，逐漸激發了反對聲浪的出現。部分文人開始省思，針對當時社會中過份奢侈的飲食習慣而提出建議，因此出現了「文人化食譜」，〔註127〕主張「養生」與「尊生」，，推崇「節制」、「戒殺茹素」等觀念。例如龍遵敘認爲：

> 若蔬食菜羹，則腸胃清虛，無渣無穢，是可以養神也。奢則妄取苟

〔註122〕（明）張瀚，《松窗夢語》（北京：中華書局，1985年），頁139。

〔註123〕（明）張瀚，《松窗夢語》（北京：中華書局，1985年），頁139。

〔註124〕（明）謝肇淛，《五雜俎》，收錄於《歷代筆記小說集成》（石家莊市：河北教育出版社，1995年），24冊，卷十一，〈物部三〉，頁208～209。

〔註125〕（明）謝肇淛，《五雜俎》（石家莊市：河北教育出版社，1995年），卷十一，〈物部三〉，頁213

〔註126〕（明）顧起元，《客坐贅語》（南京：鳳凰出版社，2005年），卷五，〈建業風俗記〉，頁188。

〔註127〕巫仁恕《品味奢華：晚明的消費社會與士大夫》（台北：中央研究院，2007年），頁290。

求，志氣卑辱。一從儉約，則于人無求，于己無愧，是可以養氣也，

故老氏以為一寶。〔註128〕

食用乾淨清爽的蔬菜，不但可以強身健體，還能調養精神，勝過油膩肥香的肉食；飲食簡約則能培養陶冶品德，兼顧氣場，有助於人體保健與品格培養。同樣的，高濂也表示：「茹素，則口清而腸胃厚。」〔註129〕認為食用蔬菜能使人心存向善以及腸胃強壯。此外又云：

余集，首茶水，次粥糜蔬菜，薄敘脯饌，醇醴、麵粉、糕餅、果實之類，惟取適用，無事異常。若彼烹炙生靈，椒馨珍味，自有大官之廚，為天人之供，非我山生所宜，悉進不錄。〔註130〕

高濂在編纂《遵生八箋》時，最重視茶水的選用，其次便是蔬菜飯粥，而葷食則置於其後，顯示其認為葷食不如素食，相對的提高了蔬菜的地位。

清初，由於戰亂與天災頻仍，民生經濟大受影響，所以曾經短暫的復返純樸簡約，但隨著政局穩定及經濟復甦，飲食風氣也再度走向奢華，尤以江南地區為甚。〔註131〕然而，受到了明代以來飲食觀念的影響，清代文人也相繼提出「重蔬食」的理念，期望能從日常習慣來改變浪費豪奢的飲食風氣。李漁認為，應當「崇儉各不導奢靡」，〔註132〕其中以又清淡的蔬菜最具有導正風氣的功能，也更能尊重萬物生命：

草衣木食，上古之風，人能疏遠肥膩，食蔬蕨而甘之，腹中菜園不使羊來踏破，是猶作羲皇之民，鼓唐虞之腹，與崇尚古玩同一致也。所怪於世者，棄美名不居，而故異端其說，謂佛法如是，是則謬矣。吾輯《飲饌》一卷，後肉食而首蔬菜，一以崇簡，一以復古。至重宰割而惜生命，又其念茲在茲，而不忍或忘者矣。〔註133〕

同樣的，顧仲也對當時的飲食風氣感到不滿，將講究飲食的「飲食之人」分為三大類：

〔註128〕（明）龍遵敘，《飲食紳言》（北京：中國商業出版社，1989年），頁189。

〔註129〕（明）高濂，《遵生八箋》（四川：巴蜀書社，1992年），頁388。

〔註130〕（明）高濂，《遵生八箋》（四川：巴蜀書社，1992年），頁388。

〔註131〕巫仁恕《品味奢華：晚明的消費社會與士大夫》（台北：中央研究院，2007年），頁266～270。

〔註132〕李漁，《閒情偶記》，收錄於《李漁全集》，第六冊（台北：成文出版社，1970年），頁2537。

〔註133〕李漁，《閒情偶記》，收錄於《李漁全集》，第六冊（台北：成文出版社，1970年），頁2538。

一曰餔餟之人，秉量甚宏，多多益善，不擇精粗。一曰滋味之人，
求工烹飪，博及珍奇，又兼好名，不惜多費，損人益人，或不暇計。
一曰養生之人，務潔清、務熟食、務調和，不侈費，不尚奇。食品
本多，忌品不少，有調有節，有益無損，遵生頤養，以和于身。日
用飲食，斯為尚矣。〔註134〕

「餔餟之人」以「量」為優先，不在意食物品質；「滋味之人」則崇尚珍奇少
見的食材。真正懂得飲食真諦者，為「養生之人」，以「遵生頤養」為原則。
此外，又引朱彝尊言，認為珍貴的食材不見得美味，愈是稀鬆平常的料理，
愈能展現真味：「凡試庖人手段，不須珍異也，只一肉、一菜、一腐，庖之抱
蘊立見矣。」〔註135〕朱彝尊也道：「但取目前常物」，〔註136〕「直使野蔌山肴，
亦可登之天府。」〔註137〕認為日常生活中垂手可得的材料，都能成為佳餚美
饌。這些觀念，提供了花材料理良好的發展空間。而清代文人雅士喜愛在閒
暇之餘，於宅院園林中蒔花弄草，怡情養性，因此能輕而易舉的取得花材，
恰好符合了顧仲和朱彝尊所提倡的論點。

　　為了葷食者也能體會蔬菜之美，清代美食家們也極力推崇蔬菜天然的清
新滋味。李漁認為「膾不如肉，肉不如蔬」，〔註138〕蔬菜之所以能勝過於大魚
大肉，原因在於「鮮」：「論蔬食之美者，曰清，曰潔，曰芳馥，曰鬆脆而已
矣。不知其至美所在，能居肉食之上者，只在一字之『鮮』。」〔註139〕清高宗
乾隆皇帝（1736～1795）亦喜愛蔬食，《清稗類鈔》記載：「高宗南巡，至常
州，嘗幸天寧寺，進午膳。主僧以素肴進，食而甘之，乃笑語主僧曰：『蔬食
殊可口，勝鹿脯熊掌萬矣。』」〔註140〕晚清時，喜愛蔬食的觀念未見減少。宣
統年間，佛教徒薛寶辰《素食說略》表示：

惟是肥循為恆情所同嗜，淡泊非盡人所能甘。必使強以所難，或且

〔註134〕（清）顧仲，《養小錄》（北京：中國商業出版社，1984年），頁70～71。
〔註135〕（清）顧仲，《養小錄》（北京：中國商業出版社，1984年），頁71。
〔註136〕（清）朱彝尊，《食憲鴻祕》（北京：中華商業出版社，1985年），頁6。
〔註137〕（清）朱彝尊，《食憲鴻祕》（北京：中華商業出版社，1985年），頁5。
〔註138〕李漁，《閒情偶記》，收錄於《李漁全集》，第六冊（台北：成文出版社，1970年），頁2538。
〔註139〕李漁，《閒情偶記》，收錄於《李漁全集》，第六冊（台北：成文出版社，1970年），頁2539
〔註140〕（清）徐珂，《清稗類鈔》（上海：誠成文化出版社，1996年），〈飲食類〉，頁2187。

> 視以爲苦。然而烹調果挾妙法，治具誠有殊能。雖無禁臠侯鯖，識
> 味或同于滋膳；只此畦蔬園蔌，致餐竟美于珍羞。〔註141〕

只要烹調得宜，清爽適口的蔬菜，也能勝過肥美油香的葷食料理；且使口齒
芬芳，保健身體，以及減少殺生，減輕業障。比較明、清二代所提倡的蔬食
理論，可見得明代較著重於宣傳奢華飲食風氣的負面影響，清代則更進一步
的從正面積極的角度，提倡蔬食之美。

第三節　清代花材料理的四大特色

明中葉以後興起的蔬食風潮，讓花材料理更加蓬勃發展。清代時，顧仲
《養小錄》總結歷代精華，特設「餐芳譜」，收集前人成果，也加上個人經驗
之談，是中國花材飲食文化史上最爲完整全面的著作。其他花材料理也散見
於各大食譜和筆記中，以《清稗類鈔》爲例，該書「飲食部」記載了清代飲
食風俗，不乏有關花材料理的描述，也是相當重要的史料。

在綜合分析及歸納後，發現清代花材料理有四大特色：「食用花卉主體
——花瓣」、「花露的使用」、「花材和花粥的養生功能」、「花材料理的命名技
巧」，將於本章節深入探討。

一、食用花卉主體——花瓣

花瓣的食用，是花材料理中的主要形式。原則上可分爲兩類，一是將花
瓣加入料理中，作爲輔助用的配料，但並非料理的主角；第二類，則是直接
食用花瓣。

顧仲《養小錄》中「餐芳譜」，是唯一將花材料理特別獨立出來的專書，
也是食用花瓣最好的例證。顧仲在前言中說道：

> 凡諸花及苗、葉、根與諸野菜藥草，佳品甚繁。采須潔淨，去枯、
> 蛀、蟲、絲，勿誤食。制須得法，或煮或烹、燔、炙、腌、炸。凡
> 食芳品，先辦汁料：每醋一大盅，入甘草末三分，白糖一錢，熟香
> 油半盞，和成，作拌菜料；或搗薑汁加入；或用芥辣；或好醬油、
> 酒釀；或一味糟油；或宜椒末；或宜砂仁；或用油炸。凡花菜采得
> 乾淨，滾滾一焯即起，極入冷水漂半刻，搏干拌供。則色青翠，脆

〔註141〕（清）薛寶辰，《素食說略》（北京：中華商業出版社，1984年10月），頁2
　　　　～3。

嫩不爛。〔註142〕

從文中得知，「餐芳譜」收錄的花卉屬於廣義性質，包含了蔬菜類如蓴菜等，葉片和根莖部位也都在討論範圍。顯示古代飲食觀念中，確實將花卉和蔬菜視為同一種類。

顧仲認為，在烹調花卉之前，清潔是首要之務。必須先採集健康的花朵，仔細的挑去枯萎、蛀蝕的花瓣以及附著於上的昆蟲，以確保衛生品質。而這個觀念正好也呼應了他在在強調的飲食衛生觀念：

> 余謂飲食之道，關乎性命，治之之要，惟潔惟宜。宜者，五味得宜，生熟合節，難以備陳。至於潔乃大綱矣。《詩》曰：『誰能烹魚？溉之釜鬵。』能者，具有能事克宜也。能事具矣，而器不潔，惡乎宜。故願為之潔器者，誠眾其能事也。〔註143〕

清代時，花材料理已經全面發展，花卉已能活用於各式各樣的烹調方式。例如，花瓣可以以湯汁慢火熬煮、浸泡於蜜中做成蜜餞，或以熱油煎香，以及和調味料拌勻後食用，方式五花八門。而如何搭配，則端看花瓣的性質，例如香味是否持久、花瓣是否強韌耐煮，以及烹調後的口感，都是必須參考的條件。

花卉天性嬌嫩，不能受到強烈陽光的照射，也不能任由風吹雨打，因此花農們往往呵護備至，澆灌和挪移時都得留意動作的細膩和輕柔。同樣的，花瓣是極為脆弱易壞的食材，因此如何拿捏烹調時間的長短，是一門值得研究的學問。《養小錄》中已有類似的概念，例如迎春花以「熱水一過，醬醋拌供」即可，〔註144〕花瓣應避免在熱水中浸泡過久，而導致軟爛不堪，色澤暗沉且失去原有的香味和口感。而該書最擅長使用的「湯焯法」，也是基於同樣的道理。「焯」是指食材在開水或清湯中短暫燙煮的過程，意同於「川燙」；通常運用於肉類，藉以去除腥味和血水。蔬菜和花卉也時常運用此法，在經過短暫的焯燙後，因縮短烹調時間，而能保持鮮豔的色澤和清爽的口感。

另一個值得注意的，則是花卉摘取的時機。《養小錄》中有一道「暗香湯」，作法為：

> 臘月早梅，清晨摘半開花朵，連蒂入瓷瓶，每一兩用炒鹽一兩灑入。

〔註142〕（清）顧仲，《養小錄》（北京：中國商業出版社，1984年），頁46。

〔註143〕（清）顧仲，《養小錄》（北京：中國商業出版社，1984年），頁10。

〔註144〕（清）顧仲，《養小錄》（北京：中國商業出版社，1984年），頁46。

勿用手抄。坏箬葉、厚紙蜜封。入夏取開，先置蜜少許於盞內，加

花三四朵，滾水注入，花開如生。充茶，香甚可愛。〔註145〕

選取半開、尚未完全綻放的蓓蕾來點茶，目的是當滾水注入碗中時，花瓣會隨著溫度的提高而展開，十分悅目，是充滿味覺和視覺享受的料理。倘若使用已經盛放的花卉，便不能享受這樣的眼福。

除了視覺感受外，選用半開花蕾也是另有玄機。以梔子花和玉簪花為例：「半開蕊，矾水焯過。入細蔥絲，茴、椒末，黃米飯，研爛，同鹽拌勻，腌壓半日食之。或用矾水焯過，用白糖和蜜入面，加椒鹽少許，作餅煎食。亦妙。」〔註146〕又「取半開蕊，分作三四片。加少鹽、白糖，入麵調勻，拖花煎食。」〔註147〕兩者與「暗香湯」相同，先挑選「半開蕊」，然而由於這兩道料理並沒有視覺上的考量，作者行文中也不見相關描述，因此推論原因有二，一是半開花朵的香氣尚未全部散放，因此烹調時得以隨著熱度的蒸散，將香氣保留在料理中；二是梔子花和玉簪花的香味易散，不夠持久，而有此建議。文中出現的「矾水」，即為明礬水。明礬可以去濕解毒，運用於飲食上則是作為「膨鬆劑」，可以讓食材在油炸或煎食後脹大且酥脆。

花瓣沾裹麵粉後油炸，是花材料理中慣用的形式，以玉蘭花最為常見。《養小錄》記載：「面拖，油炸，加糖。先用爪一掐，否則炮。」〔註148〕《花鏡》也道：「拖麵、麻油煎食極佳。」〔註149〕根據《清稗類鈔》記載，玉蘭花相當適合以熱油炸或炒：「玉蘭片者，極嫩之萊笋。以三四兩在清水中浸半日，待發透，取出，切薄片，去其老者，乃用豬油入鍋熬熟，傾入玉蘭片，另加鹽、糖、蒸粉及水少許，炒熟起鍋。」〔註150〕也有糕餅類的小點，《食品拾遺》：「玉蘭餅，取半開白色花瓣，施湯、麵、油浴供槑餐，亦如榆莢餅、蘋婆餅之類，皆清芳適口。」〔註151〕而看似簡單的料理，不但是民間常見的點心，甚至也受到宮廷的青睞。據《御香縹緲錄》記載，慈禧太后喜食油炸荷花及玉蘭花：

荷花的花瓣也是太后所愛吃的一種東西，在夏季裡，常教御膳房裡

〔註145〕（清）顧仲，《養小錄》（北京：中國商業出版社，1984 年），頁 4。

〔註146〕（清）顧仲，《養小錄》（北京：中國商業出版社，1984 年），頁 57。

〔註147〕（清）顧仲，《養小錄》（北京：中國商業出版社，1984 年），頁 57。

〔註148〕（清）顧仲，《養小錄》（北京：中國商業出版社，1984 年），頁 46。

〔註149〕（清）陳淏子，《花鏡》（北京：農業出版社，1962 年），頁 107。

〔註150〕（清）徐珂，《清稗類鈔》（上海：誠成文化出版社，1996 年），〈飲食類〉，頁 2271。

〔註151〕（清）管斡珍，《食品拾遺》，收藏於中華飲食文化基金會圖書館，無頁碼。

採了許多新鮮的荷花，摘下它們最完整的瓣來，浸在用雞子調和的
麵粉裡，分為甜、鹹二種，加些雞湯或精糖，一片片的放在油鍋裡
炸透，做成一種極適口的小食。還有在春天，約摸清明節前後，那
些高大的玉蘭花才開旺的時候，太后也得把它們採下來，依著利用
荷花的方法，剪成又香甜又清脆的玉蘭片，隨時吃著它消閑。〔註152〕

清宮御膳的特點為豪華精緻，向來是中國飲食文化的代表，餐廳飯館也時常
打出「滿漢全席」的噱頭來吸引顧客。慈禧太后向來養尊處優，胃口在山珍
海味的訓練下已經十分挑剔，卻仍舊喜愛這樣簡單的點心，可猜想應該十分
可口美味。

　　然而，值得注意的是，雖然明清文人十分注重「本味」的重要性，但仍
因花卉本身的味道或口感不佳，在烹調時得另外加上佐料來調味，例如百合
「本味苦，須多加糖」。〔註153〕

　　前述提到，除了直接烹調、食用花瓣外，尚有另一種方式，即將花瓣與
其他食材同煮，可增色提味。花卉的觀賞價值，是料理中的一大賣點，例如
將深色的花卉與淺色的食材同煮，製造出多彩繽紛的層次感。這項原則中，
以「雪霞羹」為代表，最早見於宋代林洪《山家清供》：「採芙蓉花，心去蒂，
湯焯之，同豆腐同煮，紅白交錯，恍如雪霽之霞，名雪霞羹。加胡椒、薑亦
可。」〔註154〕艷麗的芙蓉和雪白的豆腐一同烹調，不但清芬可口，還十分好
看，兼顧了視覺上的美感，是花材料理中很常見的一種形式。清代《清稗類
鈔》和《養小錄》也傳襲了相同的方法：「采瓣，湯炮一二次，拌豆腐，略加
胡椒，紅白可愛，且可口。」〔註155〕。另外一例為《醒園錄》中「醃紅甜薑
法」，也是著重於花卉的顏色：

　　撿大塊嫩生薑，擦去粗皮，切成一分多厚片子，置瓷盆內。用研細
　　白鹽少許（或將鹽打鹵，澄去泥沙淨，下鍋再煎成鹽，用之更妙。）
　　稍醃一二時辰，即逼出鹽水。約每斤加白醃梅干十餘個，拌入薑片
　　內。隔一宿，俟梅干漲，薑片軟，撈起去酸鹹水，仍入瓷盆。每斤
　　可加白糖五六兩，染舖所用好紅花汁半酒杯拌勻，曬一日，至次日

〔註152〕（清）德齡，《御香縹緲錄》（上海：百新出版社，1949年），頁286。
〔註153〕（清）徐珂，《清稗類鈔》（上海：誠成文化出版社，1996年），〈飲食類〉，
　　　　頁2239。
〔註154〕（宋）林洪，《山家清供》（北京：中華商業出版社，1985年），頁70。
〔註155〕（清）顧仲，《養小錄》（北京：中國商業出版社，1984年），頁54。

嘗之，若有酸鹹水仍逼去，再加白糖、紅花一二次，總以味甜、色
清紅為度。〔註156〕

紅花（*Carthamus tinctorius*）古稱「煙支」、「燕支」、「胭脂」，原產於西
域。漢代時由張騫（164B.C.～114B.C.）引進後，隨即發明了「殺花法」，將
紅花反覆搗爛，再用布袋絞出水份，就能得到鮮艷的紅花汁液，可做為婦女
的化妝品，塗抹於臉頰和嘴唇上，也是常見的染劑。〔註157〕引文中則用來染
紅薑片。這些例子也證明清代時，經常借重花卉的色彩優勢，增添飲食趣味，
大享眼福與口福。

另一種輔助提味的方式，則以「玉蘭片瑤柱湯」：「取玉蘭片浸久切片，
以江瑤柱若干入碗中，加水及紹興酒少許，蒸透，取出撕碎，與玉蘭片同盛
一碗，加入浸玉蘭片之清湯及鹽一撮，煮透即成。」〔註158〕這道料理的主角
是江瑤柱，但借助玉蘭花的清芬香氣，來提升湯汁的鮮美。小四堂主人在《饌
書》中收錄「鯛魚櫻花」、「鱸魚海棠」、「香魚國香」、「團魚芍藥」、「鯧魚茉
莉」、「蜥蜴桂花」、「野豬紫薇」、「羚羊木蘭」、「玉珧百合」、「鮻口瑞香」等，
〔註159〕也都是以肉類、海鮮為主，花卉為輔，符合了作者「目歡莫若花，口
歡莫若肉；以花品肉，亦間口一歡」的概念。〔註160〕

二、花露與蒸餾花酒

清代美食家袁枚十分注重調味，在《隨園食單》讚許調味料的重要性：「廚
者之作料，如婦人之衣服首飾也。雖有天姿，雖善塗抹，而敝衣襤褸，西子
亦難以為容。」〔註161〕調味，是指運用各種佐料，在烹調前後及過程中加入，
使菜餚具有多樣風味的方式，是決定菜餚質量的關鍵。

大體而言，調味料的味型則分為「基本型」和「複合型」，一般烹調過程
中，都會具備兩種以上的味型。「基本型」為調製各種風味的基礎，可分為鹹、
甜、酸、辣、苦、鮮、香、麻、淡九類。「複合型」則是呈現兩種或兩種以上

〔註156〕（清）李化楠，《醒園錄》（中華商業出版社，1984 年），頁 51。

〔註157〕王至堂，〈秦漢時期匈奴族提取植物色素技術考略〉，《自然科學史研究》，1993
年，12 卷 4 期，頁 355～359。

〔註158〕（清）徐珂，《清稗類鈔》（上海：誠成文化出版社，1996 年），〈飲食類〉，
頁 2225～2226。

〔註159〕小四海堂主人，《饌書》，收藏於中華飲食文化基金會圖書館，無頁碼。

〔註160〕小四海堂主人，《饌書》，收藏於中華飲食文化基金會圖書館，無頁碼。

〔註161〕（清）袁枚，《隨園食單》（台北：海鴿文化出版社，2007 年），頁 3。

基本味型的混合味，數量難以計算。其中「香味」，是指嗅覺器官對食物的感受，而可形成香味的調味品，包括了蔥、蒜、香菜、茴香、五香粉、香油等，其中也包含了花卉。〔註162〕花卉運用於料理時，多半借重其天然香氣，讓花香能與其他食材的味道相互結合，在食用過程中亦能感受到清新宜人的芳香。

　　能讓花香最快速均勻的進入料理的方式爲「花露」，又稱爲「花水」，指採集鮮花，以蒸餾法取得花卉香氣而成的液態物品，可以說是花卉的精華液。作爲調味料時，比直接烹調花卉更具香氣，效果也更加快速。

　　中國何時發明蒸餾法，大致上有「東漢說」、「唐代說」、「宋代說」和「元代說」。〔註163〕至今學界尚無定論，但可以確定的是，中國運用蒸餾技術的歷史甚爲久遠，最晚在唐宋時，已有相當程度的掌握，從文獻中也顯示了當時已有蒸餾花露的紀錄。宋代趙汝适《諸蕃志》記載：「薔薇水，大食國花露也。五代時番使蒲口散以十五瓶效貢。今多采花浸水，蒸取其液以代焉。」〔註164〕蔡絛《鐵圍山叢談》亦云：「舊說薔薇水，乃外國採薔薇花上露水，殆不然，實用白金爲甑，采薔薇花，蒸氣成水。則屢采屢蒸，積而爲香，此所以不敗。」〔註165〕前者是將花卉先行浸泡後，再蒸餾而得；後者則省略浸泡步驟，直接以水蒸氣蒸餾花露，屬於較爲進步的技術。蒸得的花露則芬芳滿室，長久不歇：

> 異域薔薇花氣，馨烈非常，故大食國薔薇水雖貯琉璃缶中，蠟密封其外，然香猶透徹，聞數十步，灑著人衣袂，經十數日不歇也。至五羊效外國造香，則不能得薔薇，第取素馨、茉莉花爲之，亦足襲人鼻觀。但視大食國眞薔薇水，猶奴爾。〔註166〕

　　最詳盡的花露蒸餾法，見於明初《墨娥小錄》「取百花香水法」：「采百花頭，滿甑裝之，上以盆合蓋，周回絡以竹簡，半破，就取蒸下倒流香水貯用，謂之花香，此乃廣南眞法，極妙。」〔註167〕此外，劉基《多能鄙事》中也有

〔註162〕關於中國飲食文化中「味型」的相關理論，可參考王仁湘，《飲食與中國文化》（北京：人民出版社，1994年），頁20～21。汪福寶編，《中國飲食文化辭典》（安徽：安徽人民出版社，1994年），頁201。

〔註163〕周嘉華，〈中國蒸餾酒源起的史料辨析〉，《自然科學史研究》，1995年，14卷3期。

〔註164〕（宋）趙汝适，《諸蕃志》。轉引自周嘉華，〈中國蒸餾酒源起的史料辨析〉，《自然科學史研究》，1995年，14卷3期，頁233。

〔註165〕（宋）蔡絛，《鐵圍山叢談》（北京：中華書局，1983年），頁97。

〔註166〕（宋）蔡絛，《鐵圍山叢談》（北京：中華書局，1983年），頁97～98。

〔註167〕（明）吳繼刻印，《墨娥小錄》。轉引自周嘉華，〈中國蒸餾酒源起的史料辨析〉，

類似的製香水法：

> 沉香水。用淨瓦片燒微紅，置平地上。焙香以瓶器蓋定。約香氣竭，
> 便翻瓶。以沸湯傾入蓋之。香水用丁香五個，竹葉七片炙。同投沸
> 湯中，密封片時即可用之。荳蔻水，用白豆蔻殼，淨，投入沸湯瓶
> 中密封，少時用之。每次只用七個，多用則香不清。紫蘇水，取蘇
> 葉用紙隔焙，勿翻，候香，泡一次急傾，再泡合和用之。凡造熟水，
> 須先傾百沸湯在瓶內，然後以用物投之上。密封其口。若先置物，
> 以湯泡之，則不甚香。若木樨、紫蘇葉隔年者，須略炙用之。〔註 168〕

根據《養小錄》記載，清代的花露也是運用蒸餾法製成：「仿燒酒錫甑、
木桶減小樣，制一具，蒸諸香露。凡諸花及諸葉香者，俱可蒸露。」〔註 169〕
清代時，凡是具有香氣的花草，皆能製成香。草葉類者，有藿香、菖蒲、稻
葉和柏葉，花類則有玫瑰、茉莉、桔花、木香花、甘菊、桂花、梅花、金銀
花、牡丹、芍藥、玉蘭花、夜合花、梔子花、山矾花、蠟梅花、玉簪花等。
然而，有「國香」之稱的蘭花，雖然幽香宜人，但因質地脆弱，以當時的技
術而言，並不適合蒸餾：「惟蘭花、橄欖二種，蒸露不上，以質嫩，入甑即酥
也。」〔註 170〕此外，顧仲又云：「野薔薇，此花第一。」〔註 171〕認為野薔薇
是花露中的翹楚，原因是其香氣持久濃郁，最適合作為花露。

花露時常用於化妝品中，類似於今日「香水」、「花露水」，塗抹於身體或
是噴灑在衣物上。飲食上則作為調味品，《養小錄》稱其「入湯代茶，種種益
人。入酒增味，調汁製餌，無所不宜。」〔註 172〕其中最常見的，是加入飲料
中，包括了茶、酒、乳、果汁等。

清代時，使用花卉調製而成的飲料種類眾多，製法大致上可分為二類。
其一，是將花瓣或者研磨、釀製，投入茶水中一起飲用。例如「茉莉湯」：「厚
白蜜塗碗中心，不令旁挂。每早晚摘茉莉置別碗，將蜜碗蓋上。午間取碗注
湯，香甚。」〔註 173〕以及多種花卉酒：「吳中土產，有福眞、元燒二種，味皆

《自然科學史研究》，1995 年，14 卷 3 期，頁 234。
〔註 168〕 （明）劉基，《祕本多能鄙是》，收藏於中華飲食文化基金會圖書館。
〔註 169〕 （清）顧仲，《養小錄》（北京：中國商業出版社，1984 年），頁 6。
〔註 170〕 （清）顧仲，《養小錄》（北京：中國商業出版社，1984 年），頁 7。
〔註 171〕 （清）顧仲，《養小錄》（北京：中國商業出版社，1984 年），頁 6。
〔註 172〕 （清）顧仲，《養小錄》（北京：中國商業出版社，1984 年），頁 7。
〔註 173〕 （清）顧仲，《養小錄》（北京：中國商業出版社，1984 年），頁 4。

甜熟不可飲。惟常、鎮間有百花酒，甜而有勁，頗能出紹興酒之間道以制勝。產鎮江者，世稱之曰京口百花。」〔註174〕也有類似今日沖泡奶粉的作法：「以百合置矾水中，洗淨苦味，然後搗爛、絞汁、澄粉，晒收細磨，食時以開水調之。惟本味苦，須多加糖。」〔註175〕其中，最常見的花材飲料是花茶，以花卉沖熱茶，藉由溫度促使花香進入茶水之中。《清稗類鈔》統整了當時以花點茶的種類和技巧：

> 花點茶知法，以錫瓶置茗，雜花其中，隔水煮之。一沸則起，令干。
> 將此點茶，則皆作花香。梅、蘭、桂、菊、蓮、茉莉、玫瑰、薔薇、
> 木樨、橘諸花皆可。諸花開時，摘其半含半放之蕊，其香氣全者，
> 量茶葉之多少以加之。花多，則不香而不盡其美，必三分茶葉一分
> 花始稱也。〔註176〕

另一種花卉飲料的製法，便是滴入花露，以萃取後的花香精華液，來增添料理的滋味。花露的食用可見於《紅樓夢》第六十回「茉莉粉替去薔薇硝，玫瑰露引來茯苓霜」，文中描述了玫瑰花露的顏色、形態：

> 官拿了一個五寸來高的小玻璃瓶來，迎亮照看，裏里面小半瓶胭脂
> 一般的汁子，還道是寶玉吃的西洋葡萄酒。母女兩個忙說：「快拿旋
> 子燙滾水，你且坐下。」芳官笑道：「就剩了這些，連瓶子都給你們
> 罷。」五兒聽了，方知是玫瑰露，忙接了，謝了又謝。〔註177〕

花露是介於水與油之間的液態物，而玫瑰花露的顏色接近暗紅色，因此被誤認為葡萄酒。此外，第三十四回「情中情因情感妹妹，錯裡錯以錯勸哥哥」中則提到花露的食用功能：

> 王夫人道：「噯喲！你不該早來和我說。前兒有人送了幾瓶子香露
> 來，原要給他一點子的，我怕他胡糟踏了，就沒給。既是他嫌那
> 些玫瑰膏子絮煩，把這個拿兩瓶子去。一碗水裏只用挑一茶匙子，
> 就香得了不得呢。」說著就喚彩雲來，「把前兒的那幾瓶香露拿了

〔註174〕（清）徐珂，《清稗類鈔》（上海：誠成文化出版社，1996 年），〈飲食類〉，頁 2210。

〔註175〕（清）徐珂，《清稗類鈔》（上海：誠成文化出版社，1996 年），〈飲食類〉，頁 2239。

〔註176〕（清）徐珂，《清稗類鈔》（上海：誠成文化出版社，1996 年），〈飲食類〉，頁 2205。

〔註177〕（清）曹雪芹，《紅樓夢》（台北：聯經出版社，2010 年），中冊，頁 819。

來。」襲人道：「只拿兩瓶來罷，多了也白糟踏。等不夠再要，再
來取也是一樣。」彩雲聽說，去了半日，果然拿了兩瓶來，遞與
襲人。襲人看時，只見兩個玻璃小瓶，都有三寸大小，上面螺絲
銀蓋，鵝黃箋上寫著「木樨清露」，那一個寫著「玫瑰清露」。襲
人笑道：「好金貴東西！這麼個小瓶兒，能有多少？」王夫人道：
「那是進上的，你沒看見鵝黃箋子？你好生替他收著，別遭踏了。」
〔註 178〕

文中的「木樨清露」和「玫瑰清露」，只要加入一小匙，就能添味，刺激味蕾。
賈寶玉食用過後，也覺得十分香妙。此外也具有醫療效果，有理氣解鬱、和
血散瘀的功效。文中柳五兒的母親將玫瑰露分了半盞，送給她得熱病的侄兒，
和著涼水飲用，病患頓覺心中舒暢，頭目清涼。〔註 179〕而花露在清代時是熱
門商品，街市中常有販賣：

> 花露，以沙甌蒸者為貴，吳市多以錫甌。虎丘仰蘇樓、靜月軒，多
> 釋氏製賣，馳名四遠，開瓶香冽，為當世所艷稱。其所賣諸露，治
> 肝、胃氣，則有玫瑰花露；疏肝、牙痛，早桂花露；痢疾、香肌，
> 茉莉花露；怯驚、豁痰，野薔薇露……〔註 180〕

此外，尚有芙蓉花露、玉蘭花露、杭菊花露等，種類繁多，且各自不同的特
性，長期服用可以達到養生保健的效果。

然而值得探討的是，古代花露是否包含酒精成份，或者是單純的萃取液？
花露原為古代酒名，〔註 181〕指以蒸餾法製成的花卉酒。據《清稗類鈔》記載：
「……別有一種藥酒店，則為燒酒以花蒸成，其名極繁，如玫瑰露、茵陳露、
蘋果露、山查露、葡萄露、五茄皮、蓮花白之屬。凡以花果所釀者，皆可名
露。」〔註 182〕文中提到的花露，是具有藥性的酒類，然而《養小錄》和《紅
樓夢》卻不見類似的描述。學界中對於花露的觀念也呈現分歧。朱寶鏞《中
國酒經》指出：「明清時期的露酒，與現代露酒的概念不同。所謂『露』，是
指某些原料，如用花做原料或用某些香料作原料，經蒸餾後所收集的芳香性

〔註 178〕（清）曹雪芹，《紅樓夢》（台北：聯經出版社，2010 年），上冊，頁 456～457。
〔註 179〕（清）曹雪芹，《紅樓夢》（台北：聯經出版社，2010 年），中冊，頁 820～821。
〔註 180〕（清）顧祿，《桐橋倚棹錄》（北京：中華書局，2008 年），卷十，頁 374。
〔註 181〕楊吉成編，《中國古代飲食辭典》（台北：常春樹書坊，1989 年），頁 475。
〔註 182〕（清）徐珂，《清稗類鈔》（上海：誠成文化出版社，1996 年），〈飲食類〉，
頁 2209。

餾出物，將這些『露』加入到酒中，即得到『露酒』。」〔註183〕而蕭家成則認爲：「玫瑰露是把玫瑰花放在燒酒裡蒸成的露酒。」〔註184〕前者認爲，古代花露酒是先蒸餾花露，再加入酒中，因此花露是不具酒精成份的萃取液；而後者則認爲，花露是將花卉和燒酒一起蒸餾而成，包含了酒精成份。然而不論如何，古代花露是以蒸餾法製成，且可以飲用，這點是無庸置疑的。

三、花材和花粥的養生功能

　　中國自古有「以食當藥」及「以藥當食」的傳統，也就是中醫提倡的「食補」與「藥膳」的觀念。一般而言，食物都具有不同程度的藥理作用，平時依循著合理適度的飲食，病時利用食材的藥性來調養身體，效果較溫和，是中國傳統醫學的基礎和優勢。

　　中國食補觀念發展已久，是前人不斷實驗和改良下的經驗之談，並留下珍貴的研究紀錄，以供後人參考。戰國、秦漢之際成書的《黃帝內經》，簡稱《內經》，是中國最早的醫學專著，其中〈藏氣法時論篇第二十二〉中提到：「五穀爲養，五果爲助，五畜爲益，五菜爲充，氣味合而服之，以補精益氣。」〔註185〕認爲穀物、蔬果和肉類可以調養身體，增強體質。唐代孫思邈《備急千金藥方》〈食治篇〉也強調食補的重要性：「夫爲醫者，當須先洞曉病源，知其所犯，以食治之；食療不癒，然後命藥。」〔註186〕又云：「魚肉、果實，取益人者而食之。凡常飲食，每令節儉，若貪味多餐，臨盤大飽，食訖，覺腹中彭亨短氣，或致暴疾，仍爲霍亂。」〔註187〕明代李時珍《本草綱目》則收錄了三百六十餘種藥材，分上、中、下三品，〔註188〕其中包含了常見食材，代表著中國傳統醫學已經發展完備，食療學成爲連結中國飲食文化和醫學理論的重要關鍵。

〔註183〕朱寶鏞，《中國酒經》（上海：上海文化出版社，2000 年），頁 72。

〔註184〕蕭家成，《昇華的魅力：中華民族酒文化》（北京：華齡出版社，2007 年），頁 109。

〔註185〕（戰國）《黃帝內經》，收錄於《中國醫學名著珍品全書》（河北：遼寧科學技術出版社，1995 年），上冊，頁 97。

〔註186〕（唐）孫思邈，《備急千金藥方》，收錄於《中國醫學名著珍品全書》（河北：遼寧科學技術出版社，1995 年），上冊，頁 1225。

〔註187〕（唐）孫思邈，《備急千金藥方》，收錄於《中國醫學名著珍品全書》（河北：遼寧科學技術出版社，1995 年），上冊，頁 1225。

〔註188〕（明）李時珍，《本草綱目》（台北：國立中國醫藥研究所，1976 年）。

　　中醫理論認為，花卉本身具備極佳的醫療效果。以芍藥為例，《本草綱目》稱「同白朮，補脾。同芎藭，瀉肝。同人參，補氣。同當歸，補血。以酒炒，補陰。同甘草，止腹痛。同黃連，止瀉痢。同防風，發痘疹。同薑棗，溫經散濕。」〔註189〕茉莉：「辛熱、無毒，蒸油取液，作面脂頭澤，長髮潤燥香肌，亦入茗湯。」〔註190〕從敘述中可知，古代時已能分辨花卉各自不同的效用，因此處理方式和搭配藥材也有所因應。

　　部份清代食譜強調了花卉的醫療功效。醫家王士雄（1806～1867）自幼學習醫理，對食療有深入研究，所著之《隨息居飲食譜》中，對食物的性能和醫療用途均有詳細的論述，其自序也闡述了飲食與養生的關聯性：「人以食為養，而飲食失宜，或以害身命。衛國衛生，理無二致，故聖人疾與戰並慎，而養與教並眾也。」〔註191〕書中收錄了三百多種食材，分為水飲、穀食、調和、蔬食、果食、毛羽和鱗介七類。其中花卉屬「調和類」，例如桂花：「辛溫。辟臭，醒胃化痰，蒸露浸酒，鹽漬糖收，造點作餡，味皆香美悅口。亦可蒸茶油澤髮。」〔註192〕玫瑰：「甘辛溫。調中活血，舒鬱結，辟穢和肝。蒸露熏茶，糖收作餡。浸油澤髮，烘粉悅顏。釀酒亦佳，可消乳癖。」〔註193〕甜菊花：「甘涼。清利頭目，養氣息風。消口腫，點茶、蒸露、釀酒皆佳。苦者勿用，餘如野薔薇、金銀花，功用略同，可類推也。」〔註194〕眾花卉中，又以百合最具醫療價值和食補功效：

> 甘、平。潤肺補胃。清心定魄息驚，澤膚通乳，卻風滌熱，化濕散痛。治急黃，止虛嗽，殺蛊毒，療悲哀。辟諸邪，利二便，下平腳氣，上理咽喉。以肥大純白味甘，而作檀香氣者良。煨肉、澄粉食，並補虛贏，不僅充飢也。入藥則以山中野生彌小，而味甘者勝。風寒痰嗽，中寒便滑者，勿食。〔註195〕

從文中可知，清代時對花卉的療效以及使用上的宜忌，已有深入瞭解，也認

〔註189〕（明）李時珍，《本草綱目》（台北：國立中國醫藥研究所，1976年），卷十四，〈草部坊草類〉，頁494。。

〔註190〕（明）李時珍，《本草綱目》（台北：國立中國醫藥研究所，1976年），卷十四，〈草部坊草類〉，頁521。

〔註191〕（清）王士雄，《隨息居飲食譜》（北京：中國商業出版社，1985年），頁1。

〔註192〕（清）王士雄，《隨息居飲食譜》（北京：中國商業出版社，1985年），頁43。

〔註193〕（清）王士雄，《隨息居飲食譜》（北京：中國商業出版社，1985年），頁43。

〔註194〕（清）王士雄，《隨息居飲食譜》（北京：中國商業出版社，1985年），頁44。

〔註195〕（清）王士雄，《隨息居飲食譜》（北京：中國商業出版社，1985年），頁87。

知到「藥食同源」的道理，能兼具美味與養生。

　　然而，並非所有花卉皆能入藥製餚。不同的的品類、部位，皆可能影響食補的作用，甚至可能具有毒性，必須謹慎選擇，避免誤食。根據吳其濬《植物名實圖考長編》中記載，羊躑躅有大毒，因羊食其葉而死，故以爲名。而此花葉明豔，與萱花和杜鵑花相似，古代時常混淆，也特別容易誤食，〔註196〕烹調時不可不慎。

　　花粥，是清代花材料理中十分常見的食補料理。粥即稀飯，是中國正餐主食和點心小吃的種類之一，是以穀物煮熬而成的一種糜爛狀的食品。〔註197〕中國自古有食粥的習慣，因製作簡單和易於消化，非常適合養生保健及長期食用，也受到歷代養生專家和醫家的推崇。唐代孫思邈《備急千金藥方》中，收錄了許多米藥合用的粥膳藥方。元代忽思慧《飲膳正要》中，列舉了眾粥品，也詳述其療效。例如「吳茱萸粥」可治療心臟與腹部受寒的症狀。山藥粥可治療因虛勞而產生的骨頭燥熱、身體寒冷的病症。〔註198〕明代時，劉基《多能鄙事》中則將「蓮子粥」、「鹿腎粥」、「麻子粥」等列爲「老人療疾方」和「老人養生法」中，〔註199〕可見古代時對於粥膳食補的肯定。

　　清代黃云鵠《粥譜》是以粥爲主的專論食譜，認爲食粥有益健康：「吾近讀養生書，乃盛稱粥之功。謂于養老最宜：一省費，二味全，三津潤，四利膈，五易消化。試之良然，每晨起，啜三、四碗亦不覺飽悶。予性頗諱老，亦實覺較十年前爲壯健。自得食粥方，益復忘老。」〔註200〕該書收錄了多種以花入粥的例子，例如「蘭花粥」能「解心郁，和心氣。」〔註201〕也強調因部位的不同，效果也有所差異：「根清上理中，葉利水消腫。澤蘭解郁和血。」〔註202〕品種間的差異，效果也不盡相同，例如「菊花粥」：「明目養肝。白清肺，黃理氣。」〔註203〕白色品種和黃色品種雖然都具有食補效果，但前者利於肺部氣管的清潔，後者則以調理、活絡氣血爲主，應針對身體需求性來做

〔註196〕　（清）吳其濬，《植物名實圖考長編》（台北：世界書局，1975 年），下冊，頁 790。

〔註197〕　汪福寶編，《中國飲食文化辭典》（安徽：安徽人民出版社，1994 年），頁 201。

〔註198〕　（元）忽思慧，《飲膳正要》（北京：中國商業出版社，1988 年），頁 179～181。

〔註199〕　（明）劉基，《秘本多能鄙是》，收藏於中華飲食文化基金會圖書館。

〔註200〕　（清）黃云鵠，《粥譜》（北京：中國商業出版社，1986 年），頁 49。

〔註201〕　（清）黃云鵠，《粥譜》（北京：中國商業出版社，1986 年），頁 103。

〔註202〕　（清）黃云鵠，《粥譜》（北京：中國商業出版社，1986 年），頁 103。

〔註203〕　（清）黃云鵠，《粥譜》（北京：中國商業出版社，1986 年），頁 102。

選擇。而「萱花粥」也是同理可證：「解郁，明目，利膈，治黄疸。紅花者，山丹，涼血。」〔註204〕

另一部提倡花粥的食譜，是曹庭棟的《養生隨筆》，該書十分推崇粥膳的養生效果，認爲「粥能益人，老年尤宜。」〔註205〕且又依照口味濃淡程度，區分爲上、中、下三品：「不論調養治疾功力深淺之不同，第取氣味輕清香美適口者爲上品，少遜者爲中品，重濁者爲下品。」〔註206〕曹庭棟將花粥皆列入上品，肉粥多爲下品，除了肯定花粥的食補效果，也代表了明清以來文人所提倡的「重蔬食、輕肉食」觀念。此外，《養生隨筆》對花粥的描述，也較他者來的深入。以「梅花粥」爲例，《養小錄》中有「暗香粥」，作法爲「落梅瓣，以綿包之。候煮粥熟下花，再一滾。」〔註207〕《粥譜》云：「梅瓣洗淨，入粥，即食。」〔註208〕《養生隨筆》則描述的十分細緻：「綠萼花瓣，雪水煮粥。解熱毒。按治諸瘡毒。梅花凌寒而綻，將春而芳，得造物生氣之先。香帶辣性，非純寒。粥熟加入，略沸。」〔註209〕前二者所記較爲簡略，而《養生隨筆》則將烹調用水、梅花調性和療效，作了詳細的介紹，可說是研究清代養生花粥最全面的食譜。

四、花材料理的命名技巧

當飲食活動進入文化層次時，人們也開始注意到菜餚命名的重要性，尤以文人特別重視飲食氛圍的展現，也因此造就了中國菜餚命名的高度藝術化。

中國菜餚的命名有極深的學問，一道佳餚搭配上特定的名稱，可以加深印象，也是最佳廣告，可以達到引人入勝，回味無窮的效果。根據學者熊四智指出，中國傳統菜餚的命名，訣竅在於「雅」。〔註210〕高雅奇巧的名稱，能透過聽覺或視覺的傳達和感知，產生一連串的心理作用，帶給食客「美」的感受。而最優秀的命名，則是以恰到好處的形容詞，精確的表現菜餚的色、形、味，來達到相輔相成的加分作用。

〔註204〕 （清）黃云鵠，《粥譜》（北京：中國商業出版社，1986年），頁102。
〔註205〕 （清）曹庭棟，《養生隨筆》（北京：中國商業出版社，1986年），頁1。
〔註206〕 （清）曹庭棟，《養生隨筆》（北京：中國商業出版社，1986年），頁1。
〔註207〕 （清）顧仲，《養小錄》（北京：中國商業出版社，1984年），頁6。
〔註208〕 （清）黃云鵠，《粥譜》（北京：中國商業出版社，1986年），頁94。
〔註209〕 （清）黃云鵠，《粥譜》（北京：中國商業出版社，1986年），頁11～12。
〔註210〕 熊四智，〈中國傳統烹飪技術十論〉，《烹飪理論》（中國商業出版社，1987年）。

然而，命名的典雅與否，決定於命名者的學問和涵養，往往受到文化藝術修養、社會知識、歷史知識，甚至意識形態的制約。其綜合素質高者，命名榮餚恰如其分，即能給予人們優美的感受；反之，則會顯得俗不可耐。〔註211〕花卉素來以繽紛秀麗的外型來取悅大眾，倘若要在品嚐花材料理時，也能體會到「美」的感知，命名的技巧將十分重要，要能展現命名者的獨到品味，使得食用的過程中也能更具雅趣。

古代榮餚的命名，可略分為「以料命名」、「以味命名」、「以法命名」、「以色命名」、「以形命名」等，〔註212〕清代時也運用了這些法則來展現質樸、奇特、古典甚至戲謔的料理風格。

「以料命名」，是清代花材料理最常見的命名方式。原則是以使用的材料為名，運用寫實技巧，開門見山的表現出主題性，如實反應構成原料和烹調物件的命名法，例如「荷葉包雞」、「鱸魚豆腐」、「薔薇糕」、「桂花糖」、「百合粥」。透過淺顯易懂的名稱，對於料理的構成與特色便能一目瞭然，屬於質樸簡明的命名法。

「以法命名」，是以烹調方式為名，例如「炒肉絲」、「粉蒸肉」、「糖炒栗子」等。清代花材料理的烹飪方式極為多元，也反映在名稱上。例如「內府玫瑰火餅」，由「火」字即能推測，這道料理是經過炭火的烘烤而成。「菊花火鍋」為深受慈禧太后所喜愛的一道清宮名菜，則是將菊花和魚片、雞肉片一同投入湯鍋內，煮滾後食用。

「以典命名」是中國傳統榮餚常見的命名法則，可以展現出詼諧戲謔之感，多半具有紀念人物、事件的性質，有時也和古代傳說有關。例如「廣寒糕」是以桂花和以甘草水和舂粉，共炊成糕，〔註213〕典故來自於傳說中，廣寒宮與桂樹的聯想。《養小錄》中有一道飲品，名為「暗香湯」，暗香意指梅花，典故出自於北宋林逋〈山園小梅〉中「疏影橫斜水清淺，暗香浮動月黃昏」之句。〔註214〕而這二道花材料理早在宋代時已出現，收錄於《山家清供》中，顯示宋代時即有「以典命名」的閒情逸趣。

〔註211〕任百尊編，《中國食經》（上海：上海文化出版社，1999年），頁144。

〔註212〕任百尊編，《中國食經》（上海：上海文化出版社，1999年），頁144。

〔註213〕（清）徐珂，《清稗類鈔》（上海：誠成文化出版社，1996年），〈飲食類〉，頁2238。

〔註214〕（宋）林逋，〈山園小梅〉，收錄於《林和靖先生詩集》（台北：商務印書館，1965年），頁14。

　　「以色命名」和「以形命名」是以料理所呈現的顏色和形態來命名，兩者皆著重於比喻、寄意和抒懷，來反映飲食逸趣。例如顏色、數量或形狀成雙的料理，常以「鴛鴦」來稱呼，例如「鴛鴦火鍋」、「鴛鴦魚片」。或者將雞翅比喻為「鳳翅」、竹筍喻為「鳳尾」等，是吉祥如意的象徵。這類命名法，通常充滿豐富的聯想力，能讓人會心一笑，飲食過程中也充滿了藝術氛圍。

　　宋代時，《山家清供》便能善用比喻來命名花材料理，雅致清新堪稱一絕。例如「金飯」，便是以正黃色的菊花與飯同煮，白米間雜著金黃的花瓣，故命名之。著名的「雪霞羹」的材料為芙蓉花和豆腐。〔註215〕「霞」字為日出或日落前後，在太陽附近天空由大氣對陽光的折射、散射和選擇性吸收所造成的現象。而雪白的豆腐搭配艷紅的芙蓉花瓣，讓人聯想到白雪和晚霞的美麗景致，也因此有了這個雅致的稱呼。

　　清代食譜中也有同樣的例子。「雲英糕」中使用了蓮花與百合，雲英則為花朵之意。〔註216〕《清稗類鈔》中的「紅香綠玉」，為一道色彩鮮艷的菜餚：「以藿香草葉，蘸稀薄漿麵，入油煎之，不可太枯。取出，置碗中，以玫瑰醬和白糖覆其上，清香無比。」〔註217〕而「紅香綠玉」典故來自於《紅樓夢》第十七回「大觀園試才題對額，榮國府歸省慶元宵」：

> 一面說話，一面都在廊外抱廈下打就的榻上坐了。賈政因問：「想幾個什麼新鮮字來題此？」一客道：『蕉鶴』二字最妙。」又一個道：「『崇光泛彩』方妙。」賈政與眾人都道：「好個『崇光泛彩』！」寶玉也道：「妙極！」又嘆：「只是可惜了。」眾人問：「如何可惜？」寶玉道：「『處蕉、棠兩植，其意暗蓄『紅』、『綠』二字在內。若只說蕉，則棠無著落；若只說棠，蕉亦無著落。固有蕉無棠不可，有棠無蕉更不可。」賈政道：「依你如何？」寶玉道：「依我，題『紅香綠玉』四字，方兩全其妙。」賈政搖頭道：「不好，不好！」〔註218〕

大觀園種植了翠綠的芭蕉及紅艷的海棠，因此賈寶玉以綠、紅二色擬題，

〔註215〕　（宋）林洪，《山家清供》（北京：中華商業出版社，1985 年），頁 70。
〔註216〕　（清）徐珂，《清稗類鈔》（上海：誠成文化出版社，1996 年），〈飲食類〉，頁 2237。
〔註217〕　（清）徐珂，《清稗類鈔》（上海：誠成文化出版社，1996 年），〈飲食類〉，頁 2272。
〔註218〕　（清）曹雪芹，《紅樓夢》（台北：聯經出版社，2010 年），上冊，頁 238。

是「怡紅院」的原名。而《清稗類鈔》引用之，則同時運用了「以色命名」
和「以典命名」的原則，可見命名之講究。

第三章　清代花材料理的多樣化發展

　　上一章節介紹了清代花材料理的發展及特色，接下來則深入探討，花材料理是以何種樣貌，融入清代的社會文化。

　　如何區分花材料理的類型，是本研究上的一大課題。依照「型態」區分，可略分為「豪華型」和「雅致型」二種。前者以上層社會的大型宴飲活動為主；後者則是由文人雅士組成，透過其深刻的文化涵養，將藝術與飲食活動合而為一。此外，又有不分族群階層，廣大民眾皆可參與的「節慶型」花材料理。

　　為何以「型態」區分，而不採用「階級」？是因為考量到部份對象的身份難以嚴格界定。例如文人族群中，存在著出身於富貴家庭、為朝廷效命或因經商而擁有龐大資本者，因此有機會品嚐到奢華的花材料理。但相對的也有另一類，為仕途不甚順遂、或對政治不感興趣而歸隱山林，以恬淡自適者。這類文人雖然沒有財力後盾，但卻具備高度文化素養，在飲食型態上也呈現了清雅秀致的氣息。二者間若以財力或社經地位作為區分，將有失公允。再者，中國的傳統節慶，經過長久以來的演進，已是不分階層和性別的全民活動，更加無法以階層區別。因此幾經考量後，以「豪華型」、「雅致型」、「節慶型」作為大致分類，而此三類並無明顯的階級區隔，甚至有融合各個族群的現象。

第一節　「豪華型」——筵席中的花材料理

　　「筵」，即宴飲中陳設的座位，「宴」則是指在歡樂或隆重的氣氛中，以

酒肉菜餚款待賓客。〔註1〕如果說中國飲食文化是一齣優美的戲劇，那麼筵席就是這齣戲的舞台。〔註2〕

筵席的基礎原型是「聚餐」，即人們群聚而分食。隨著家庭觀念的產生，集體飲食模式逐漸消失，不再是常態性的活動，演變爲具有程序、節奏和儀式，充滿禮儀性的飲食活動。無論是祭祀鬼神時的隆重、肅穆和神秘，或是典禮時的盛大、熱烈和歡慶，都有一定的步驟規範，在在體現「禮」的準則。並且往往以豐富多樣的餚饌，來表達對於筵席的重視和虔誠，而這些餚饌便是組成筵席中的主要角色。然而受到儀式和規模的約束，筵席也由全體社會共同的生活文化，逐漸蛻變爲上層社會的專有生活及特權標誌，中下層社會只有在特殊情況，例如婚禮或節慶，才能吃到平日少見的筵席菜。

一般而言，上層社會的筵席是以「祭祀筵」、「延賓筵」和「家筵」三種類型爲主。「祭祀筵」目的是祭拜祖先的神靈鬼魂，供奉的祭品同時也是席間餚饌。「延賓筵」則是用來聯繫眾多家庭成員和廣大的附庸群，具有溝通情感、交流信息和交換利益等外交性質，亦能穩固自身的政治和社會地位。「家筵」是只限定家庭成員參與的宴會。相對於前二類，「家筵」的儀式較爲簡單，也更注重適口。有時中下層族群亦會舉行「家筵」，但相對的規模較小。

由於上層社會憑藉著優越的財力和政治力量，因此擁有了民間難以望其項背的飲食生活，宅邸中負責飲食活動的奴婢役作數以百計，廚房團隊組織健全，分工細密，其中不乏獨擅絕技的名廚巧匠，食材的運用更是五花八門，布列千珍。因此，數千年來依賴各種筵席而組成的上層社會飲食文化，便成爲豪華的代名詞，領導著中國筵席文化的趨勢和特色，規格和型態也不斷的增值變化。

關於中國歷史上筵席的文字記錄，最早且詳盡者莫過於《周禮》，對周天子飲膳筵席的模式和規範皆有具體的描述。從紀錄中可得知，當時效力於宮廷膳食的官員雜役有二士、中士、下士、膳夫、庖人、內饔、臘人、酒人、鹽人、食醫等，〔註3〕各司其職，分工周密。而據《禮記》描述：「凡進食之

〔註1〕譚天星，《御廚天香──宮廷飲食》（昆明：雲南人民出版社，1992年），頁99。

〔註2〕趙榮光，《天下第一家衍聖公府食單》（哈爾濱：黑龍江科學技術出版社，1992年），頁1。

〔註3〕（周）楊天宇譯註，《周禮譯註》（上海：上海古籍出版社，2004年），〈天官冢宰第一〉，頁1～128。

禮，左殽右胾，食居人之左，羹居人之右。膾炙處外，醯醬處內，葱渿處末，酒漿處右。以脯脩置者，左朐右末。」〔註4〕筵席上的料理有菜餚、飲品、調料，烹調方式有煮、蒸、炙、釀、酵、曬、拌等，味型上有鹹、甜、酸、苦、辛，五味俱全。

上層社會的飲食文化，至清代時達到鼎盛，以清代宮廷和山東衍聖公府爲主要代表。清宮御膳的精巧絕倫，是家喻戶曉的。《清稗類鈔》云：「皇帝三餐，掌於御膳房，聚山珍海錯，書於牌，除遠方珍異之品以時進御外，常品如雞、魚、羊、豚等，每膳皆具，必雙，御膳房主之。」〔註5〕清代時，宮廷中的膳事活動由「總管內務府」屬下的「御茶膳房」來管轄。「御茶膳房」是專爲皇太后、皇帝、后妃、皇子們等製作膳食的單位，有時候也承辦各種皇家筵席。分佈於宮中及行宮、園林各處，規劃有葷局、素局、挂爐局、點心局、餑餑房、清茶房等。清宮御膳主要以滿族風味爲主，但也兼容了江南風味。因食材來源廣泛，因此原料上有著無比的優越性，也決定了清代皇室飲膳的高檔、珍奇、名貴等特色。〔註6〕

「衍聖公府」即山東孔府。由於歷代朝廷對於孔子（551～479 B.C）的推崇，因此其後代子孫也備受禮遇。宋代時，爲孔氏家族嫡系後代加封了「衍聖公」的爵號，〔註7〕成爲中國歷史上首屈一指的世襲貴族，也是鐘鳴鼎食之家的典型代表。衍聖公府內的飲食活動精采非常，雖然在禮儀程序上不如清宮來的講究和拘謹，但也充滿了貴族的尊榮氣息。從《衍聖公府檔案》中所記載的食單中可看出，無論是對內的家宴或是對外的祭筵、延賓筵等，都以

〔註4〕 王夢鷗註釋，《禮記今註今譯》（台北：商務印書館，1987 年），上冊，〈曲禮上〉，頁 28。

〔註5〕 （清）徐珂，《清稗類鈔》（上海：誠成文化出版社，1996 年），〈飲食類〉，頁 2187。

〔註6〕 關於清宮御膳的研究和討論，可參考吳正格，《滿族食俗與清宮御膳》（瀋陽：遼寧科學技術出版社，1988 年），第八章〈清代宮廷中的膳事食物管理〉一文中有詳細的介紹及探討。

〔註7〕 最後一任衍聖公爲孔德成（1920～2008），字玉汝，號達生，是孔子的第七十七代嫡長子。襲封三十二代衍聖公、大成至聖先師奉祀官；同時曾任臺灣大學、臺灣師範大學、輔仁大學、東吳大學、中興大學教授；以及中華民國制憲國民大會代表、國民大會代表、國民參政會參政員、國立故宮中央博物院聯合管理處主任委員、國立故宮博物院管理委員會常務委員暨指導委員會委員、考試院院長、總統府資政。2008 年時，孔德成因肺炎引發敗血症過世，衍聖公爵位的傳統也畫下句點。

精致、細膩和隆重爲主要特色。〔註8〕

　　上層社會的飲食文化具有開風導俗的作用，清宮御宴和衍聖公府筵席活動，也深深影響了清代的宴飲風尚，不過侷限於中上層階級，必須具有相當程度經濟基礎和社會地位的富人或官府，才能舉辦具有規模的筵席。袁枚在《隨園食單》中，記載了當時筵席的規格：「今官場之菜，名號有『十六碟』、『八簋』、『四點心』之稱，有『滿漢席』之稱，有『八小吃』之稱，有『十大菜』之稱。」〔註9〕《調鼎集》中對於筵席擺設、進饌程序有更深入的描述：

> 十六碟四小暖盤，每人點心一盤，裝二色，面茶一碗。撤淨，進清茶。每位置醬油、醋各一小碟，四色小菜一碟，調羹連各一件。四中暖碗，二色點盤，一湯，一大暖碗湯。清茶。十六碟四熱炒，二點一湯，四熱炒，二點一湯，四大碗，四點一湯，四燒炸，兩暖盤，兩暖碗。

> 十六碟四熱炒暖盤，二點一湯，四熱炒暖盤，二點一湯，撤淨。進清茶六中碗，四點一湯，兩暖碗。十六碟四暖盤，二色點盤，一湯，四中碗，二色點盤，一湯，四中碗，二色點盤，一湯，二暖碗湯，二色點盤，一湯，四中碗，二色點盤，一湯，二暖碗湯。清茶。〔註10〕

　　清代筵席中點心、飲品、羹湯和菜餚，都有固定使用的器皿，菜餚數量更是驚人，對照現今由圓山飯店整理的國宴菜單，可顯示其奢華程度。例如蔣中正（1887～1975）任內所舉行的「中式梅花宴」：「梅花拼盤、竹笙清湯、咖哩餃、原盅排翅、叉燒火腿、黃燜嫩雞、花菇菜心、揚州炒飯、棗泥鍋餅、八寶甜飯、杏仁茶、鮮果、茶或咖啡」；李登輝（1923～）任內的「御品宴」：「龍蝦沙律、一品排翅、海鮮金冠餃、蠔皇鮮麻鮑、蘆筍鮮干貝、黑椒牛柳條、鳳梨雞球、磨菇石斑魚、蓮蓉酥餃、椰汁凍糕、四季水果」及陳水扁（1950～）任內的「一品宴」：「玫鮭白玉、虱目魚湯、台南碗粿、龍騰珠海、煙燻龍鱈、烤羊小排、芋薯鬆糕、三元甜粥、寶島鮮果、清茶或咖啡」。〔註11〕對

〔註 8〕關於衍聖公府食事的研究，以學者趙榮光的論述爲主要代表，可參考其著作《天下第一家衍聖公府食單》（哈爾濱：黑龍江科學技術出版社，1992 年）。及《衍聖公府檔案食事研究》（濟南：山東畫報出版社，2007 年）。

〔註 9〕（清）袁枚，《隨園食單》（台北：海鷗出版社，2007 年），頁 23。

〔註 10〕（清）佚名，《調鼎集》（北京：中華商業出版社，1986 年），頁 59～62。

〔註 11〕圓山大飯店，《圓山經典食錄》（台北：漢光文化網路事業，2010 年），頁 16

照後可以發現，《調鼎集》所錄者雖然僅僅是當時上層社會的筵席規模，卻遠較現代國宴來的繁複。而席上菜餚更是琳瑯滿目，令人目不暇給：

閏七月有班子魚、口口。八月有麵條魚。核桃仁衬燕窩；野雞片衬燕窩把；雞脯片衬燕窩；火腿肥絲衬燕窩；火腿燒珍珠菜；鱅魚拖肚；蟹肉。燕窩冬月宜湯，以雞脯、雞皮、火腿、笋四物配之，全要用純雞湯方有味。每中小碗，須用一兩二錢。夏月宜拌，將雞脯切碎如米大，如油雞湯略煮，撈起拌之，每中小碗須用二兩以外，三兩以內。蝦米燒蹄筋；雞冠油燒蹄筋；冬笋條燒蹄筋；脊筋燒蹄筋；麻雀脯燒蹄筋。鹿筋燒松鼠魚；煨鹿筋；燒鹿筋；鹿筋切豆大式，或燒或膾。牛乳內加藕粉。果子狸用米泔水泡淨，加木瓜酒，磁碗蒸。或夾以火腿片蒸，或鮮肉片。如裙折肉色亦可。火腿爪皮煨海鮮；蠶豆瓣炒火腿笋丁；火腿圓；火腿膾蛋白丁。鹿筋煨海參；魚肚煨海鮮；麵條魚去頭尾煨海參。木耳燒海參，名「嘉興海參」。八寶海參衬三寸段豬髓；變蛋配海參。芝麻醬拌海參絲，衬火腿、肚片。班子魚肚燒海參，膾亦可。豬舌燒海參；豬腦木耳燒海參。魚翅拖蛋黃膾；鹿筋燒魚翅；雞冠油燒魚翅；口口煨魚翅；核桃仁衬魚翅；魚翅須同配物煨得極爛方入味。〔註12〕

同樣的，《清稗類鈔》也記載了當時筵席的種類和規範：

計酒席食品之豐儉，於燒烤席、燕菜席、魚翅席、魚唇席、海參席、蛏干席、三絲席各種名稱之外，更以碟碗之多寡別之，曰十六碟八大八小，曰十二碟六大六小，曰八碟四大四小。碟，古之餖飣，今以置冷葷（干脯也）、熱葷（亦肴也，第較置於碗中者爲少）、糖果（蜜製品）、干果（落花生、瓜子之類）、鮮果（梨、橘之類）。碗之大者盛全雞、全鴨、全魚，或湯、或羹，小者則煎炒，點心進二次或一次。有客各一器者，有客共一器者，大抵甜鹹參半，非若肴饌之鹹多甜少也。〔註13〕

吳敬梓（1701～1754）《儒林外史》中，有著中下層社會筵席的描述。例如余

～28。

〔註12〕　（清）佚名，《調鼎集》（北京：中華商業出版社，1986年），頁62～63。

〔註13〕　（清）徐珂，《清稗類鈔》（上海：誠成文化出版社，1996年），〈飲食類〉，頁2190。

有達邀請堂兄弟所舉行的家宴，除了瓜果外，就只有「一盤青菜花炒肉、一盤煎鯽魚、一盤片粉扮雞、一盤攤蛋、一盤蔥燒蝦、一盤豆腐乾」，〔註14〕以及蓬府的招待用飯：「果是家常餚饌：一碗燉雞、一碗煮雞、一尾魚、一大碗煨的稀爛的豬肉。」〔註15〕從食材、數量及烹調的複雜程度，便可明顯對照出，一般民眾與上層社會所舉行的筵席規模和品質有著極大的差異。

《紅樓夢》也是研究清代貴族筵席飲膳的重要證明之一，其中所描繪的各種筵席，絕非是小說家言，其實就是明清時代以來官場貴族豪吃浪喝、割腥啖羶的如實寫照，甚至助長了請客送禮、貪汙受賄、敲詐勒索等敗壞政風。〔註16〕而綜合了上述各類文獻中所收錄的餚饌數量、進饌程序及擺設結構，都能看出清代筵席致力於追求排場的氣派和奢華，這是平民飲食所望塵莫及的。

從清代筵席食單中，不難看出當時多以肉類、海鮮為餚饌中的主題，因此除了部分素菜宴外，較少見蔬菜類。被視為蔬菜類一員的花卉，則多以配角的身份，穿插於餚饌之中。根據資料顯示，清代筵席和御膳中所出現的花材料理，以「菊花火鍋」、「炒玉蘭片」、「冰糖百合」等各色菜餚和點心為代表。

一、菊花火鍋

火鍋是清代常見的料理，由於烹調過程簡便，因此十分受到歡迎。食用火鍋的歷史，可追溯至宋代《山家清供》中，描述與友人共食兔肉火鍋的情景：

> 向遊武夷六曲，訪止止師，遇雪天，得一兔，無庖人可製。師云山間只用薄批、酒、醬、椒料，沃之以風爐，安座上，用水少半銚，候湯響一杯後，各分以箸，令自筴入湯，擺熟啖之，乃隨宜各以汁供，因用其法不獨易行，且有團欒熱煖之樂。〔註17〕

文末又云：「越五、六年，來京師，乃復於楊泳齋伯嵒席上見此……豬、羊皆可。」〔註18〕可得知南宋時已有吃火鍋的習慣，寒冷的北方更是流行，從內

〔註14〕 （清）吳敬梓，《儒林外史》（台北：台灣書房，2007 年），頁 146。
〔註15〕 （清）吳敬梓，《儒林外史》（台北：台灣書房，2007 年），頁 221。
〔註16〕 經盛鴻，〈從《紅樓夢》談明清官場吃喝風〉，《歷史月刊》，60 期，頁 68～77。
〔註17〕 （宋）林洪，《山家清供》（北京：中華商業出版社，1985 年），頁 42。
〔註18〕 （宋）林洪，《山家清供》（北京：中華商業出版社，1985 年），頁 42。

蒙古地區出土的遼代壁畫中可一窺究竟。〔註19〕

　　清代時稱火鍋爲「熱鍋」，可分爲火鍋和涮鍋二種，烹調原理相同，但在製法和食法上則略有差異。火鍋是將湯底和食材一同置於鍋內，經高溫煨熟後食用。涮鍋則是將鍋內湯底煮滾後，由食者將生肉片投入湯內，經過短暫的燙焯後，便可食用。

　　由於火鍋容量大、熱度高、可搭配的材料多樣且適合多人共食，容易營造出融合熱鬧的氣氛，因此時常被作爲筵席中的主角。乾隆、嘉慶年間，曾舉行大型的「千叟宴」，席開八百桌，宴請耆老數千人，便以火鍋爲主食。〔註20〕清宮御膳中也時常出現火鍋，花樣更是層出不窮，其中也曾出現以花材烹製的火鍋，例如菊花火鍋，代表人物爲慈禧太后。

　　慈禧太后生性愛花，除了欣賞外，認爲花卉應運用於料理中。據曾跟隨於慈禧太后身旁的德齡公主（1885～1944）回憶到：

> 太后和我閒談時，常有一種表示，以爲選擇各種花卉固然應以顏色的美麗爲主要條件，但我們也不可太忽略了她的其餘功用。顏色的美麗，只能令人於視覺上感到暢快，談不上有什麼效益，所以我們必須自己想方法去充分的利用它。〔註21〕

在慈禧太后的鼓勵下，御膳廚房製作出不少花材料理。例如以玫瑰和糠製成的果醬、將荷花、蛋、麵粉拌勻後油炸，製成甜食，並嘗試了各種不同的花茶，因此杯中時常漂浮著花瓣。〔註22〕同樣的，花卉也運用於火鍋，「菊花火鍋」便是一例：

> 暖鍋李先已盛著大半鍋的原汁雞湯或肉湯，上面的蓋子做的非常合縫，極不易使溫度消失，便是那股鮮香之味，也不致騰出來。其時太后座前已早由納管理膳食的大太監張德安好了一張比茶几略大幾許的小餐桌，這桌子的中央有個圓洞，恰巧可以把那暖鍋安安穩穩的架在中間；原來這桌子是專爲這個意義而設的。和那暖鍋一起

〔註19〕 吳正格，《滿族食俗與清宮御膳》（瀋陽：遼寧科學技術出版社，1988 年），頁216。

〔註20〕 轉引自苑洪淇，《中國的宮廷飲食》（北京：商務印書館，1997 年），頁 104～107。關於「千叟宴」的記載，可見於昭槤，《嘯亭續錄》、徐珂，《清稗類鈔》等文獻中。

〔註21〕 （清）德齡，《御香縹緲錄》（上海：百新出版社，1949 年），頁 285。

〔註22〕 （清）德齡，《御香縹緲錄》（上海：百新出版社，1949 年），頁 284～286。

打御膳房裡端出來的是幾個淺淺的小碟子，裡面盛裝著已去掉皮骨、切的很薄的生魚片或生雞片，可是爲了太后性喜食魚的緣故，有幾次往往只備魚片，外加少許醬醋。那洗淨的菊花瓣自然也一起堆在這小桌子上來了。於是張德便伸手把那暖鍋上的蓋子掀起來，但並不放下，只擎在手中候著，太后便親自撿起幾許魚片或肉片投入湯內，張德忙將鍋蓋重覆蓋上。這時候吃的人——太后自己，和看的人——我們那一班，便很鄭重其事的悄悄的靜候著，幾十道目光，一起射在那暖鍋上。約莫候了五、六分鐘，張德才又上前去將蓋子揭起，讓太后自己或我們中的一人將那些菊花瓣酌量抓一把投下去，接著仍把鍋蓋蓋上，再等候五分鐘，這一味特殊的食品便煮成了。〔註23〕

這道火鍋，不僅有雞汁的香濃精華，更有菊花的清芬。甚至使用了特製的餐桌，可見清宮御膳的嚴謹。而慈禧太后親自參與烹煮，可以猜想其十分享受飲食樂趣。此外，民間亦有菊花火鍋的記載，另見於《清稗類鈔》：

京師冬日，酒家沽飲，案輒有一小釜，沃湯其中，炙火於下，盤置鴨、魚、羊、豚之肉片，俾客自投之，俟熟而食。有雜以菊花瓣者，曰菊花火鍋，宜於小酌。以各物皆生切而爲絲片，故曰生火鍋。〔註24〕

自敘述可以發現，民間流行的菊花火鍋，較適合小酌時搭配，並非筵席中的主食，這點是與清宮御膳有所不同之處。

二、炒玉蘭片及花卉菜餚

菜餚的比例時常包辦筵席中的絕大部分，甚至超越了米飯、麵食的重要性，亦爲標誌筵席規模和品質的重要依據。根據《衍聖公府檔案》中所記載的「燕菜全席」，可一窺當時筵席菜餚的多樣化：

四干果碟：杏仁、白瓜籽、松子、花生。四果品碟：栗子、菱、杏、金桔。四蜜餞碟：糖藕、梨脯、山茶條、橄欖。四水果碟：蜜桃、蜜桔、蘋果、西瓜。十六冷盤：雞翅、鴨肫、白肚、蹄筋、

〔註23〕 （清）德齡，《御香縹緲錄》（上海：百新出版社，1949 年），頁 283～284。

〔註24〕 （清）徐珂，《清稗類鈔》（上海：誠成文化出版社，1996 年），〈飲食類〉，頁 2201。

豬唇、熏魚、海蜇、口蝦、糟鵝掌、香腸、口芹菜、拌海參、口金針、松花、捆蹄、肴肉。四點：千層酥、蘋果酥、松子糕、芙蓉果、杏仁茶每人份隨上。十六熱炒：芽韭炒肉、蟹黃白菜、炒玉蘭片、炒魚片、炒軟雞、燴鴨腰、湯泡肚、炒茭白、炒青菜、肉絲海帶、火腿芥菜腦、海米春芽、爆肚、炸鵪鶉、熘腰花、燒肝。四點：菊花酥、百合酥、棗煎餅、蜜三刀、冰糖蓮子羹每人份隨上。十二中碗：粉蒸雞、紅白鴨塊、生炸排骨、瓦塊魚、紅燒大腸、炸雞卷、鍋燒羊肉、元寶肉、燒麵筋、香菇肉片、蜜汁冬瓜、挂漿蘋果。四點：海鮮肉包、時鮮蒸餃、生煎肉包、羊肉小餅、酸菜肉絲湯。四鹽一鍋：一品官燕、把兒魚翅、魚唇扒魚皮、蝦子海參、鴨舌干貝。二點：雞絲炒麵、雞絲滷麵、榨菜肉絲湯。十二大碗：油淋雞、神仙鴨子、清蒸元魚、清蒸桂魚、扒猴頭、紅燒鮑魚、八寶魚丸、什錦豆腐、海米珍珠筍、炒三冬、冰糖肘子、八寶甜飯。主食：香稻干稀飯、饅頭。什錦小菜：濟寧玉堂小菜。酒：露酒、金華酒。〔註25〕

「燕菜全席」是衍聖公府延賓筵中的最高級筵席，主要招待身份最爲顯赫的賓客，因此以昂貴的燕窩爲主題。而在這些五花八門的菜餚當中，也包含了花材料理，其中以炒玉蘭片出現的次數爲冠。

玉蘭是清代花材料理中的常客。由於花瓣的質地厚實，適合長時間烹調，因此常以麵粉沾裹後油煎，或者高溫拌炒。據《養小錄》和《花鏡》記載，玉蘭花瓣可炸、煎，加上糖粉食用更佳，〔註26〕深受宮中和民間的喜愛，例如慈禧太后十分欣賞以玉蘭花製成的油炸小點：「還有在春天，約摸清明節前後，那些高大的玉蘭花才開旺的時候，太后也得把它們採下來，依著利用荷花的方法，剪成又香甜又清脆的玉蘭片，隨時吃著它消閒。」〔註27〕

由於油炸玉蘭被視爲休閒食品，因此從未出現於清代正式筵席中。大多以菜餚之姿呈現，並且大量出現於各類盛宴中。除了上述「燕菜全席」外，衍聖公府所舉行的「北席」、「魚翅三大件席」、「海參三大件席」、「海參兩大

〔註25〕 《衍聖公府檔案》，收錄於趙榮光，《天下第一家衍聖公府食單》（哈爾濱：黑龍江科學技術出版社，1992年），頁47。

〔註26〕 （清）顧仲，《養小錄》（北京：中國商業出版社，1984年），頁46。（清）陳淏子，《花鏡》（北京：農業出版社，1962年），頁107。

〔註27〕 （清）德齡，《御香縹緲錄》（上海：百新出版社，1949年），頁286。

件席」、「四涼四熱兩干兩鮮海餐十大碗席」中皆有炒玉蘭片，〔註28〕「翅子魚骨席」和「參翅魚骨席」中有燴蘭片冬菇和蝦子玉蘭棍、〔註29〕「上席」中有雞脯玉蘭片、〔註30〕「壽慶參席三大件席」、「婚慶魚翅三大件席」中則有炒肉玉蘭片。〔註31〕而《清稗類鈔》中則詳細記載其方法：「玉蘭片者，極嫩之萊笋。以三四兩在清水中浸半日，待發透，取出，切薄片，去其老者，乃用豬油入鍋熬熟，傾入玉蘭片，另加鹽、糖、蒸粉及水少許，炒熟起鍋。」〔註32〕

　　由多樣史料可看出，玉蘭的可塑性極高，可與多種食材搭配，烹調方式有炒及燴，〔註33〕展現了不畏高溫的特性。而由於玉蘭同時出現於宮廷筵席、御膳和民間食譜中，可以看出在當時玉蘭是貧富皆宜，既可登大雅之堂，亦為大眾化點心。

　　除了炒玉蘭片，其他花卉亦可作為筵席中的菜餚。例如燴百合、木樨藕豆角、〔註34〕桂花銀耳、桂花翅子；〔註35〕《調鼎集》中「上席」便有葵花蝦餅、葵花肉圓；〔註36〕《饌書》中收錄了「鯛魚櫻花」、「鱸魚海棠」、「香魚國香」、「團魚芍藥」、「家雞榴花」、「鰈魚李花」、「版魚梨花」、「鯧魚茉莉」、「蛸蚱桂花」、「桂魚杏花」、「嘉魚珍珠蘭」、「天鵝白菊」、「陽鳥凌霄花」、「方目梔子花」、「明視夜合」、「野豬紫薇」、「羚羊木蘭」、「玉珧百合」、「鰍口瑞

〔註28〕 《衍聖公府檔案》，收錄於趙榮光，《天下第一家衍聖公府食單》（哈爾濱：黑龍江科學技術出版社，1992年），頁47、66、69、70。

〔註29〕 《衍聖公府檔案》，收錄於趙榮光，《天下第一家衍聖公府食單》（哈爾濱：黑龍江科學技術出版社，1992年），頁66、67。

〔註30〕 《衍聖公府檔案》，收錄於趙榮光，《天下第一家衍聖公府食單》（哈爾濱：黑龍江科學技術出版社，1992年），頁63。

〔註31〕 《衍聖公府檔案》，收錄於趙榮光，《天下第一家衍聖公府食單》（哈爾濱：黑龍江科學技術出版社，1992年），頁84、87。

〔註32〕 （清）徐珂，《清稗類鈔》（上海：誠成文化出版社，1996年），〈飲食類〉，頁2271。

〔註33〕 將原料用開水燙過，再加上調味料拌製。根據原料的材質特性不同，可分為水燴或油燴，成品具有清淡爽口、麻辣鮮香的特點。引自汪福寶編，《中國飲食文化辭典》（安徽：安徽人民出版社，1994年），頁188。

〔註34〕 〈乾隆四十八年節次照常膳底檔〉，收錄於中國第一歷史檔案館編，《清代檔案史料叢編》（北京：中華書局，1984年），第十輯，頁179。

〔註35〕 《衍聖公府檔案》，收錄於趙榮光，《天下第一家衍聖公府食單》（哈爾濱：黑龍江科學技術出版社，1992年），頁71、82。

〔註36〕 （清）佚名，《調鼎集》（北京：中華商業出版社，1986年），頁108、109。

香」、「羚羊木蘭」等，〔註37〕皆是以花卉作爲輔助，搭配海鮮或肉類，成爲一道又一道花樣新穎的風味料理，令人耳目一新，兼顧了視覺和味覺，達到「目歡莫若花，口歡莫若肉，以花品肉，亦間口一歡」的效果。〔註38〕

三、冰糖百合及花材點心

筵席中的甜、鹹糕餅，也常見以花材蒸製而成者，例如菊花酥、百合酥、桂花餅等。〔註39〕光緒二十年（1894）時，適逢慈禧太后六十誕辰，宮中舉行了極其隆盛的祝壽慶典，上自帝后王公，下自文武百官，都要進獻禮品，以示慶祝，其中不乏名食珍饌。第七十六代衍聖宮孔令貽之母彭氏，及妻孫氏相偕進京祝壽，婆媳二人各獻「進聖母皇太后早膳一桌」，其中有「壽字木樨糕」，便是以桂花蒸製而成的糕餅，刻上壽字以恭賀誕辰。〔註40〕此外，衍聖公府所舉行的「常品滿漢席」及「常筵六六兩大件席」中，則有冰糖百合和蜜漬百合二種，〔註41〕是清代常見的筵席甜點之一，特色是色澤晶瑩、鮮嫩甘甜。製法是將花瓣逐瓣剝下洗淨，入滾水中煮熟後撈出，放在盆盤中，隨後將冰糖漿、山楂糕、青梅、桂圓一同加入即成，〔註42〕與宋代《山家清供》中的蜜漬梅花及《養小錄》中牡丹花瓣的烹調方法相仿。此外，「魚翅四大件席」中的荷葉餅，及「南席」中荷葉包雞，與屈大均《廣東新語》中記載「東莞以香粳雜魚肉諸味，包荷葉蒸之，表裡香透，名曰荷葉飯。」則有異曲同工之妙。〔註43〕

　　而綜合本節所述，可得知清代筵席中的花材料理，多屬於四大特色中的「食用花卉主體──花瓣」形式。此外又多搭配肉類、海鮮類及珍貴食材，顯示筵席中的花材料理較爲精緻昂貴，與平時花材料理的平淡簡約，有著顯著的差異。

〔註37〕 小四海堂主人，《饌書》，收藏於中華飲食文化基金會圖書館，無頁碼。

〔註38〕 小四海堂主人，《饌書》，收藏於中華飲食文化基金會圖書館，無頁碼。

〔註39〕 《衍聖公府檔案》，收錄於趙榮光，《天下第一家衍聖公府食單》（哈爾濱：黑龍江科學技術出版社，1992年），頁55、70。

〔註40〕 《衍聖公府檔案》，收錄於趙榮光，《天下第一家衍聖公府食單》（哈爾濱：黑龍江科學技術出版社，1992年），頁57～58。

〔註41〕 《衍聖公府檔案》，收錄於趙榮光，《天下第一家衍聖公府食單》（哈爾濱：黑龍江科學技術出版社，1992年），頁55、90。

〔註42〕 姚海揚，《中國孔府菜》（深圳：海天出版社，2008年），頁282。

〔註43〕 （清）屈大均，《廣東新語》（北京：中華書局，1997年），下冊，頁380。

第二節 「雅致型」——花材料理與文人的飲食美學

　　傳統文人的生活實踐方式，是以審美的態度來欣賞特定的對象，或透過創作的過程以表現自我的審美觀，利用其所導引的特殊生理效應與審美情境，以自我的審美觀，賦予該項動作特定的審美情緒及價值。這使得特定事物與活動可以超越生理和實用層次，成為體現審美生活態度的一種精神活動。〔註44〕簡單來說，中國傳統文人的審美觀，往往以行動來表達其情感，選擇以文學、書法、繪畫、雕刻及音樂等媒介，創作出具有藝術美感的作品。日常生活中則以旅遊、聚會、飲食來抒發情志，調節身心；藉由這些活動，來將生理需求轉化成承載精神意趣的審美活動，導致其人際應對方式的「雅」化，進而建構獨立於世俗時空脈絡之中的個人世界。

　　飲食做為文人的日常娛樂之一，表現在親自下廚，展現廚藝以及進食後對食物的品嚐上。由於文人本身的文化素養，較他人來的具有深度，能對日常事物產生具有美感的體悟，甚至更進一步的以優雅的文字記錄下來，因此也成就了飲食意趣的基本條件。學者伊永文指出，這類文人又稱為「市隱」，即曾經求取功名，但仕途不順，或者對官場感到厭惡絕望者，皆屬此類。其往往在淡出政壇後，便憑藉自己的愛好，熱衷於某項活動，過著恬靜自適的生活。〔註45〕

　　承上所言，文人是否能成為美食家，與其財力資本的雄厚與否，並無絕對關係。雖然，優越的經濟能力能提高體驗美食及昂貴料理的機會，但並不代表這樣就能成為美食家。相對的，愈是簡約清淡的料理，反而更能促進文人探索飲食的美感。簡單而言，要構成雅致的「飲食美學」，〔註46〕最重要的條件是文人自身的文化涵養，及對飲食生活的敏銳觀察力。

　　自宋代始，出現了一批文人，在生活中以文雅優美的生活節奏，建構出個人品味；即便是稀鬆平常的飲食活動，亦擁有獨到的見解。以蘇軾為例，身為詩詞、書法和繪畫等無所不能的文藝全才，同時也是個美食家。蘇軾個性豪放灑脫，不合流俗，飲食中不講究奇珍異味，而是致力追求平凡中的情

〔註44〕羅中峰，《中國傳統文人審美生活方式之研究》（台北：洪葉文化事業，2001年），頁170。

〔註45〕伊永文，《明清飲食研究》，（台北：洪葉文化，1997年），頁356～357。

〔註46〕「飲食美學」即為飲食中的藝術，包括了悅目、賞心、福口、益身等內涵。引自趙峰元〈從《浮生六記》中看清中葉的飲食生活——兼論沈復的飲食美學原則〉，《商業研究》，1985年第12期，頁339。

趣和美感。由於仕宦生涯並不順利，外任於密州、徐州、湖州、黃州、杭州、常州等地，因此他的飲食美學便是奠基於宦遊旅途中。熙寧八年（1075），蘇軾調任密州，曾作〈和蔣夔寄茶〉，敘述自身經驗和飲食觀：

> 我生百事常隨緣，四方水陸無不便。扁舟渡江適吳越，三年飲食窮芳鮮。金虀玉膾飯炊雪，海螯江柱初脫泉。臨風飽食甘寢罷，一甌花乳浮清圓。自從捨舟入東武，沃野便到桑麻川。剪毛胡羊大如馬，誰記鹿角腥盤筵。廚中蒸栗堆飯甕，大杓更取酸生涎。柘羅銅碾棄不用，脂麻白土須盆研。故人猶作舊眼看，謂我好尚如當年……人生所遇無不可，南北嗜好知誰賢。死生禍福久不擇，更論甘苦爭蚩研。知君窮旅不自釋，因詩寄謝聊相鑱。〔註47〕

詩中說明了他在窮旅中遍嚐的四方美味。其〈菜羹賦〉亦云：「東坡先生居南山之下，服食器用，稱家之有無。水陸之味，貧不能致，煮蔓菁、蘆菔、苦薺而食之。其法不用醯醬，而有自然之味。蓋易具而可常享。」〔註48〕更自比為老饕：「蓋聚物之夭美，以養吾之老饕。」〔註49〕多年來的失志，並未消磨蘇軾對生活美感的追求與享受，甚至增加了品嚐美食的經驗，琢磨出更獨到不凡的飲食觀。而梅堯臣、周紫芝等人，都是宦旅漂泊的文人，也同樣是知味、重視飲食美學的詩人老饕。〔註50〕

明清以後，廣大的文人族群更加追求感官享樂、生活慾望，並且將生活中的美感發揮的淋漓盡致，無論是衣飾、旅遊、器用、聚會及飲食，都呈現出極致的逸樂氛圍。而在飲食活動中，又可以從食譜的大量撰寫，以及飲食觀的倡導，證明當時文人對於味覺感官的活動，已有相當深刻的體悟和見解，也代表著文人已經將味覺提高到理論層次，更進一步的追求飲食過程中的美感。

「學問之道，先知而後行，飲食亦然。」〔註51〕清代袁枚《隨園食單》

〔註47〕　（宋）蘇軾，〈和蔣夔寄茶〉，收錄於黃仁軻、朱懷春校點，《蘇軾詩集合注》（上海：上海古籍出版社，2001年），卷十三，頁627。

〔註48〕　（宋）蘇軾，〈菜羹賦〉。收錄於孔凡禮點校，《蘇軾文集》（北京：中華書局，1986年），第一冊，頁17。

〔註49〕　（宋）蘇軾，〈老饕賦〉。收錄於孔凡禮點校，《蘇軾文集》（北京：中華書局，1986年），第一冊，頁16。

〔註50〕　關於宋代時文人的飲食觀和其生活，在陳素貞，《北宋文人的飲食書寫——以詩歌為例的考察》（台北：大安出版社，2007年）中有深入的探討。

〔註51〕　（清）袁枚，《隨園食單》（台北：海鷗文化出版社，2007年），頁1。

集歷代飲食文化之大成，在〈須知單〉和〈戒單〉中提出了多項飲食理論，舉凡食材的調味、清潔洗滌、搭配或獨用，烹調時的火候、進饌時的遲速先後，堪稱爲飲食美學的最佳典範。此外之食單如朱彝尊《食憲鴻秘》、顧仲《養小錄》、李漁《閒情偶記》等，也都是當時文人將飲食生活推展至文化藝術層面的證明。

在所有食材中，與文學、繪畫、旅遊等藝術活動關係最爲密切者，非花卉莫屬。花卉與生俱來的美麗外表，一直以來是文人們所歌頌的對象，其具備的美感價值是無庸置疑的。當花卉作爲食材，進入人類味覺感官活動，無形中更漫化成充滿詩情畫意的夢幻逸品。在清代眾多文人雅士中，又以冒襄和董小宛、李漁、沈復（1763～1825）和陳芸、張岱最爲擅長烹調花材料理，可作爲清代時雅致型花材飲食文化的代表。

一、冒襄和董小宛

冒襄，字辟疆，號巢民，與方以智（1611～1671）、陳貞慧（1604～1656）、侯方域（1618～1655）並稱爲「明末四公子」。遊學於董其昌（1555～1636）之門，娶秦淮名妓董小宛爲妾。明崇禎十五年（1642 年）副貢，入清不仕。順治三年（1646 年），在新建水繪庵，讀書酬唱以終。治詩文，文風秀逸，著有《巢民詩集》、《文集》、《影梅庵憶語》，其中《影梅庵憶語》是冒襄回憶董小宛而作，從兩人相識、結婚至董小宛病死，都有詳細的記載，同時也是研究兩人感情生活的最佳參考資料。董小宛名白，字青蓮，別號青蓮女史，是江南名妓。張明弼於〈冒姬董小宛傳〉中描述：「七、八歲，母陳氏教以書翰，輒了年十一、二，神姿艷發，窈窕嬋娟，無出其右，至鍼神曲聖食譜茶經，莫不精曉。顧其性好靜，每至幽林遠壑，多依戀不能去。」〔註52〕董小宛於十九歲時被冒襄納爲妾，自此洗淨鉛華，一心一意照料冒襄及家庭。

董小宛個性好學，喜讀書，聽到東漢時陣仲舉、范郭等事蹟時，便「一一求解於始末，發不平之色，而妙出持平之議，勘作一則史論。」〔註53〕可見得董小宛出身雖低，但深具文化涵養，亦能發表個人見解。爲人細心謹慎，冒襄曾於友人處借書，閱得新奇之處，便命董小宛抄錄收貯。冒襄回憶道：

〔註52〕（清）張明弼，〈冒姬董小宛傳〉，收錄於（清）冒襄，《影梅庵憶語》（台北：世界書局，1995 年），頁 1。

〔註53〕（清）冒襄，《影梅庵憶語》（台北：世界書局，1995 年），頁 8。

日寫數千字，不訛不落。余凡有選摘，立抄成帙。或史或詩，或遺
事妙句，皆以姬爲紺珠。又嘗代余書小楷扇存戚有處。而荊人米鹽
瑣細，以及內外出入，無不各登手記，毫髮無疑。其細心專力，即
吾輩好學人鮮及也。〔註54〕

除了身爲冒襄的伴讀外，十分注重生活品質的董小宛，更是他生活中的
最佳伴侶。兩人皆喜好薰香，時常與冒襄「靜坐香閨，細品名香」。〔註55〕《影
梅庵憶語》提到：

則閣中皆如風過伽楠，露臥薔薇，熱磨琥珀，酒卿犀口之味。久蒸
衾枕間和以肌香，甜艷非常，夢魂俱適。外此則有眞西洋香方，得
之內府，迥非肆料。內戊客海陵，曾與姬手製百丸，誠閨中異品，
然蒸時亦以不見煙爲佳，非姬細心秀致，不能領略到此。〔註56〕

董小宛的精巧手藝及優雅品味，亦展現在其精湛的廚藝上，每每親自掌
廚，讓冒襄大飽口福。但由於冒襄「嗜香甜及海錯風薰之味」，〔註57〕相反的
董小宛「姬性澹泊，於肥甘一無嗜好。每飯以芥茶一小壺溫淘，佐以水菜、
香豉數莖粒，便足一餐。」〔註58〕兩人口味喜好有明顯的不同，但精於烹飪
的董小宛仍然能夠討好冒襄的胃口，烹調出許多美味又充滿創意的料理。例
如每逢夏季時，「取五月桃汁、西瓜汁，一穰一絲漉盡，以文火煎至七、八分，
始攪糖細煉。桃膏如大紅琥珀，瓜膏可比金絲內糖。每酷暑，姬幣手取其汁
示潔，坐爐邊靜看火候成膏，不使焦枯。」〔註59〕另外，也曾製作豆豉：「製
豉取色取氣，先於取味。豆黃九曬九洗爲度，顆瓣皆剝去衣膜，種種細料，
瓜、杏、薑、桂以及釀豉之汁，極清潔以和之。豉熟擎出，粒粒可數，而香
氣酣色疏，味迥於常別。」〔註60〕也因此，冒襄對於董小宛靈巧且善於變化
的廚藝讚不絕口：

火肉久者無油，有松柏之味。風魚久者如火肉，有麂鹿之味；醉蛤如
桃花，醉鱘骨如白玉，油鯔如鱘魚，蝦鬆如龍鬚，烘兔酥雉如餅餌，

〔註54〕（清）冒襄，《影梅庵憶語》（台北：世界書局，1995年），頁8。
〔註55〕（清）冒襄，《影梅庵憶語》（台北：世界書局，1995年），頁11。
〔註56〕（清）冒襄，《影梅庵憶語》（台北：世界書局，1995年），頁11。
〔註57〕（清）冒襄，《影梅庵憶語》（台北：世界書局，1995年），頁14。
〔註58〕（清）冒襄，《影梅庵憶語》（台北：世界書局，1995年），頁14。
〔註59〕（清）冒襄，《影梅庵憶語》（台北：世界書局，1995年），頁14。
〔註60〕（清）冒襄，《影梅庵憶語》（台北：世界書局，1995年），頁14。

可以籠而食之。菌脯如雞口，腐湯如牛乳，細考之食譜，四方郇廚中
一種偶異，即家訪求，而又以慧巧變化爲之，莫不異妙。〔註61〕

在前述中曾提到，董小宛善於製香，對於香精的薰蒸及花卉香氣頗有心
得，同樣的將薰香知識運用於飲食中，凡是花卉香草皆曾入菜製餡：「蒲藕筍
蕨鮮花野菜枸蒿蓉菊之類，無不采入食品，芳旨盈席。」〔註62〕也曾製作花
露，《影梅庵憶語》中描述：

> 釀飴爲露，和以鹽梅。凡有色香花蕊，皆於初放時採漬之。經年香
> 味、顏色不變，紅鮮如摘。而花汁融液露中，入口噴鼻，奇香異艷，
> 非復恆有。最嬌者爲秋海棠露，海棠無香，此獨露凝香發，又俗名
> 斷腸草，以爲不食，而味美獨冠諸花。次則梅英、野薔薇、玫瑰、
> 丹桂、甘菊之屬。〔註63〕

從上文可得知，董小宛對於花露的蒸製技巧相當成熟，並具有個人見解。而
花露在當時文人生活中頗爲流行，《養小錄》：「入湯代茶，種種益人。入酒增
味，調汁製餌，無所不宜。」〔註64〕

二、李漁

清代戲曲家、文學家李漁，字笠鴻、謫凡，號笠翁。才華洋溢，深諳音
韻，著有《凰求鳳》、《玉搔頭》等戲劇，《無聲戲》、《連城壁》等小說，以及
《閒情偶寄》等作品。其中《閒情偶寄》中〈飲饌部〉闡述了烹飪和食用之
道，提倡反璞歸眞：「聲音之道，絲不如竹，竹不如肉，爲其漸近自然。吾爲
飲食之道，膾不如肉，肉不如蔬，亦以其漸近自然也。」〔註65〕又云：「然他
種蔬食，不論城市山林，凡宅旁有圃者，旋摘旋烹，亦能時有其樂。」〔註66〕
李漁認爲，愈是簡單自然的料理，愈能體會飲食的眞味；而親身栽培，更能
享受箇中樂趣。

在李漁的飲食觀中，穀食具有養生保健的功能，是僅次於蔬菜之後的重

〔註61〕 （清）冒襄，《影梅庵憶語》（台北：世界書局，1995年），頁14～15。
〔註62〕 （清）冒襄，《影梅庵憶語》（台北：世界書局，1995年），頁14～15。
〔註63〕 （清）冒襄，《影梅庵憶語》（台北：世界書局，1995年），頁14。
〔註64〕 （清）顧仲，《養小錄》（北京：中國商業出版社，1984年），頁7。
〔註65〕 （清）李漁，《閒情偶記》，收錄於《李漁全集》，第六冊（台北：成文出版社，
　　　　1970年），頁2538。
〔註66〕 （清）李漁，《閒情偶記》，收錄於《李漁全集》，第六冊（台北：成文出版社，
　　　　1970年），頁2538。

要食物：「食之養人，全賴五穀。使天止生五穀而不產他物，則人身之肥而壽也，較此必有過焉；保無疾病相煎、壽夭不齊之患矣。」〔註67〕也和董小宛、顧仲相同，都曾以花露作爲調味，增添料理的香氣；並強調必須斟酌份量和比例，以免香氣過重及浪費：

> 宴客者有時用飯，必較家常所食者稍精。精用何法？曰：使之有香而已矣。予嘗授意小婦預設花露一盞，俟飯之初熟而澆之，澆過稍閉，拌勻，而後入碗。食者歸功於穀米，訊爲異種而訊之，不知其爲尋常五穀也。此法秘之已久，今始告人。行此法者，不必滿釜澆遍，遍則費露甚多，而此法不行於世矣。止以一盞澆一隅，足供佳客所需而止。〔註68〕

在《紅樓夢》中曾提到了「木樨清露」和「玫瑰清露」，王夫人也說到：「一碗水裏只用挑一茶匙子，就香得了不得呢。」〔註69〕原因在於花露爲花香的濃縮精華，僅需些微份量便能添色增味，香氣四溢，過度使用反而喧賓奪主，失去了米飯的原味。而花露的選用與搭配，亦有學問：

> 露以薔薇、香櫞、桂花三種爲上，勿用玫瑰。以玫瑰之香，食者亦辨，知非穀性所有。薔薇、香櫞、桂花三種，與穀性之香者相若，使人難辨，故用之。〔註70〕

李漁認爲，玫瑰香氛與米飯大爲不同，食用時容易感到矯揉造作，故不建議使用。由此可看出，李漁始終堅持「自然之美」，避免過度的講究而使得飲食美學淪於浮誇不實，矯枉過正。

三、沈復和陳芸

　　《浮生六記》，是另一部反映清代社會生活型態的文學作品。作者是沈復，字三白。乾隆四十六年（1781年），受父親之命，學習成爲幕僚。但由於作爲幕僚必需懂得八面玲瓏，與沈復爽直不羈的個性相違背，最終仍然退出。仕途不甚順遂的沈復，其身家地位於當時屬於上流社會中的中下層次，並不

〔註67〕（清）李漁，《閒情偶記》，收錄於《李漁全集》，第六冊（台北：成文出版社，1970年），頁2551。
〔註68〕（清）李漁，《閒情偶記》，收錄於《李漁全集》，第六冊（台北：成文出版社，1970年），頁2551。
〔註69〕（清）曹雪芹，《紅樓夢》（台北：聯經出版社，2010年），上冊，頁456。
〔註70〕（清）李漁，《閒情偶記》，收錄於《李漁全集》，第六冊（台北：成文出版社，1970年），頁2551。

算富裕，因此在《浮生六記》中並未見豪華奢侈的場面，相對的充滿了閒適恬淡的生活逸樂。沈復於十八歲時，與表姊陳芸結婚。林語堂（1895～1976）認為陳芸是「中國文學上最可愛的女人」，〔註71〕兩人於婚後「耳鬢相磨，親同形影，愛戀之情有不可以言語形容者。」〔註72〕《浮生六記》中紀錄了許多夫妻間的幸福時光，其中也包含了飲食活動。

　　沈復喜好休閒，愛花成癖，以蒔花弄草為樂，對於花卉栽培和造景藝術充滿了個人的見解：

> 惟每年籬東菊綻，秋興成癖。喜摘插瓶。不愛盆玩。非盆玩者不足觀，以家無園圃，不能自植，貨於市者，俱叢雜無致，故不取耳。其插花朵，數宜單，不宜雙。每瓶取一種，不取二色。瓶口取闊大，不取窄小，闊大者舒展。不拘自五七花至三四十花，必於瓶口中一叢怒起，以不散漫、不擠軋、不靠瓶口為妙，所謂「起把宜緊」也。或亭亭玉立，或飛舞橫斜，花取參差，間以花蕊，以免飛鈸耍盤之病。葉取不亂，梗取不強。〔註73〕

沈復與陳芸皆喜焚香，與冒襄、董小宛夫婦相同：

> 靜室焚香，閒中雅趣。芸嘗以沉速等香，於飯鑊蒸透，在爐上設一銅絲架，離火伴寸許，徐徐烘之；其香幽韻而無烟。佛手忌醉鼻嗅，嗅則易爛。木瓜忌出汗。汗出則水洗之。惟香圓無忌。佛手木瓜亦有供法，不能筆宣，每有人將供妥者隨手取嗅，隨手置之，及不知供法者也。〔註74〕

由上文可見得，沈復對於花香的宜忌有著獨到見解。這樣的觀念在愛花人士間十分常見，計楠也曾指出牡丹花的數種禁忌：「牡丹有五忌，忌尼姑、不潔婦女觀看；忌冰麝、焚香、油漆氣；忌熱手撫捏；忌俗客對花噴煙；忌酒徒穢氣薰蒸。」〔註75〕菊花亦同：「菊忌麝香，觸之即悴；凡帶香袋、香珠者，不可近沉檀速降之屬，燒之色即頓減；忌喫煙噴上；忌俗客手捻鼻嗅。」

〔註71〕 林語堂，〈譯者序〉，收錄於（清）沈復，《浮生六記》（台北：台灣開明書店，1964年），頁5。
〔註72〕 （清）沈復，《浮生六記》（台北：台灣開明書店，1964年），頁14。
〔註73〕 （清）沈復，《浮生六記》（台北：台灣開明書店，1964年），頁84。
〔註74〕 （清）沈復，《浮生六記》（台北：台灣開明書店，1964年），頁100。
〔註75〕 （清）計楠，《牡丹譜》，收錄於《叢書集成續編》（台北：新文豐出版社，1989年），第79冊，子部，頁560。

〔註76〕目的在於避免在肢體、氣息的觸碰下，傷害到嬌嫩的花卉，甚至影響其香味的純正。

綜合《浮生六記》中的描述，可以看出沈復的文學作品雖然較少，但卻仍十分講究生活美學。即便不是鐘鳴鼎食的富貴之家，但日常器用和居家擺設無一不是沈復和陳芸夫婦的精心傑作，生活中的每一個環節都充滿了個人見解，努力營造充滿美感的生活環境。

由於家境並不富裕，因此沈復自比貧士，自起居服食、器皿房舍皆以儉樸雅潔為要，並強調「省儉之法，曰就事論事。」〔註77〕主張面對現實，從「可能」中出發，不離開現實條件而作非分之想。〔註78〕省儉的生活，並不影響夫妻對雅致的追求，反而有更多的機會，能創作出兩人獨享的生活情趣。

花卉在沈復的活動空間中佔有極高的比重。陳芸曾設計一個「梅花盒」，用來盛裝沈復小酌時的下酒菜：

> 用二吋白瓷深碟六隻，中置一隻，外置五隻，用灰漆就，其形如梅花。底蓋均起凹楞，蓋之上有柄如花蒂，置之案頭，如一朵墨梅覆桌。啟蓋視之，如菜裝於花瓣中。一盒六色，二三知己，可以隨意取食。〔註79〕

這款梅花形狀的置物盒，是由手藝精巧的陳芸親手創製，可看出夫妻倆對花卉的喜好。飲食中也有花卉的點綴，例如「夏月荷花初開時，晚含而曉放。芸用小紗囊撮茶葉少許，置花心。明早取出，烹天泉水泡之，香韻尤絕。」〔註80〕花茶自明代以來便深受大眾喜愛，一般而言是利用竹籠將茶葉、花瓣區隔，層層疊疊，例如「當花盛開時，以紙糊竹籠兩隔。上層置茶，下層置花。宜密封固，經宿開換舊花。如此數日，其茶自有香味可愛。」〔註81〕或者是「用磁罐一層茶，一層花，投間至滿。紙箬繫固，入鍋重湯煮之，取出

〔註76〕（清）計楠，《菊說》，收錄於《叢書集成續編》（台北：新文豐出版社，1989年），第79冊，子部，頁510。

〔註77〕（清）沈復，《浮生六記》（台北：台灣開明書店，1964年），頁116。

〔註78〕趙峰元〈從《浮生六記》中看清中葉的飲食生活——兼論沈復的飲食美學原則〉，《商業研究》1985年第12期，頁339。

〔註79〕（清）沈復，《浮生六記》（台北：台灣開明書店，1964年），頁100。

〔註80〕（清）沈復，《浮生六記》（台北：台灣開明書店，1964年），卷二，〈閒情記趣〉，頁120。

〔註81〕（明）朱權，《茶譜》。轉引自張宏庸，《茶與花》（台北：茶學文學出版社，1987年），頁40。

待冷。用紙封裹。置火上焙乾收用。」〔註82〕然而，《浮生六記》中採用的方法，卻是不使用任何器具，不作區隔及高溫加熱，而是將茶葉置於花心中，直接吸收荷花的香氣，十分簡單獨特，充份顯示個人風格。而更值得關注的是，當沈復、陳芸將無限創意運用於飲食生活中時，所觸發的美感及情趣，在在符合了沈復所追求的「雅潔」效果，而這樣的飲食美學，便是深植於他在藝術的修養之上。

四、張岱

張岱，字宗子，號陶庵，又好蝶庵。家本富裕，明亡後入山隱居，著書立說，擅長史學及散文，乃晚明小品文的代表人物。有《陶庵夢憶》、《西湖夢尋》、《瑯嬛文集》傳世。多才多藝，對喜好的事物無不專精，曾云：「人無癖，不可與交，以其無深情也。」〔註83〕興趣廣泛：「好精舍，好美婢，好孌童，好鮮衣，好美食，好駿馬，好華燈，好煙火，好梨園，好鼓吹，好古董，好花鳥。」〔註84〕也喜好旅遊，並在遊歷時嘗遍四方美食，曾作〈詠方物二十首〉，例如杭州的「花下藕」：「雪腴歲月色，壁潤雜冰光」；福建的佛手柑：「嶽聳春纖指，波皺金粟身。」寧波江瑤柱：「西施牙後慧，號國乳邊酥。」等名言佳句，〔註85〕字裡行間充滿了獨特的審美觀，藉由優美的詞藻，描繪各地物產的特色，讓讀者進入優雅的飲食情境中。而張岱之於飲食，最著名的乃是其成立「蟹會」：

> 食品不加鹽醋而五味全者，為蚶、為河蟹。河蟹至十月與稻粱俱肥，殼如盤大，墳起，而紫螯巨如拳，小腳肉出，油油如蚓口。掀其殼，膏膩堆積如玉脂珀屑，團結不散，甘腴雖八珍不及。一到十月，余與友人兄弟輩立蟹會，期於午後至，煮蟹食之，人六隻，恐冷腥，迭番煮之。從以肥臘鴨、牛乳酪，醉蚶如琥珀，以鴨汁煮白菜如玉版。果蓏以謝橘、以風栗、以風菱。飲以玉壺冰，蔬以兵坑筍，飯

〔註82〕（明）顧元慶，《茶譜》。收錄於《續修四庫全書》（上海：上海古籍出版社，1995年），子部，譜錄類，頁216。

〔註83〕（清）張岱，〈五異人傳〉，收錄於《張岱詩文集》（上海：上海古籍出版社：1991年），《瑯嬛文集》，卷四，頁167。

〔註84〕（清）張岱，〈自為墓誌銘〉，收錄於《張岱詩文集》（上海：上海古籍出版社：1991年），《瑯嬛文集》，卷五，頁294。

〔註85〕（清）張岱，〈詠方物二十首〉，收錄於《張岱詩文集》（上海：上海古籍出版社：1991年），《瑯嬛文集》，卷四，頁92～95。

> 以新餘杭白，漱以蘭雪茶。由今思之，眞如天廚仙供，酒醉飯飽，
> 慚愧慚愧。〔註86〕

秋蟹的膏黃肥美，至今仍受到大眾喜愛。食蟹是古代文人的一大樂事，類似的活動在《紅樓夢》也有描述。而張岱特地將饕客們集合起來，共同品嚐滋味鮮美的秋蟹，席間也搭配了烤鴨、竹筍、白菜等菜餚，更是快意非常。

　　飲食社團並非由張岱首創，其父張耀芳及友人便曾舉辦「飲食會」，以「講求正味」爲宗旨，並撰著《饔史》四卷。〔註87〕而飲食的結社活動對於文人飲食文化具有正面的功效，引導更多文人享受美食，無形中也促成了群體意識，以莊重的態度將飲食一事視爲學問。

　　由於螃蟹容易有腥味，因此古代時多會搭配輔助的飲品來去除腥味，例如《紅樓夢》中曾描述寶玉一行人舉行「螃蟹宴」時，食用菊花來去腥解膩。且由於螃蟹性寒，林黛玉食後覺得胸口鬱悶不適，因此飲用合歡花釀製的酒來去除寒氣。〔註88〕張岱的「蟹會」中，則是提供了「蘭雪茶」來漱口、去味：

> 日鑄者，越王鑄劍地也，茶味稜稜有金石之氣。歐陽永叔曰：「兩浙之茶，日鑄第一。」王龜齡曰：「龍山瑞草，日鑄雪芽。」日鑄名起此。京師茶客，有茶則至，意不在雪芽也。而雪芽利之，一如京茶式，不敢獨異。三峨叔知松蘿焙法，取瑞草試之，香撲冽。余曰：「瑞草固佳，漢武帝食露盤，無補多欲；日鑄茶藪，『牛雖瘠僨於豚上』也。」遂募歙人入日鑄。扚法、掐法、挪法、撒法、扇法、炒法、焙法、藏法，一如松蘿。他泉瀹之，香氣不出，煮禊泉，投以小罐，則香太濃郁。雜入茉莉，再三較量，用敞口瓷甌淡放之，候其冷；以旋滾湯衝瀉之，色如竹籜方解，綠粉初匀，又如山窗初曙，透紙黎光。取清妃白，傾向素瓷，眞如百莖素蘭同雪濤並瀉也。雪芽得其色矣，未得其氣，余戲呼之「蘭雪」。四五年後，「蘭雪茶」一哄如市焉。越之好事者，不食松蘿，止食蘭雪。蘭雪則食，以松蘿而纂蘭雪者亦食，蓋松蘿貶聲價俯就蘭雪，從俗也。乃近日徽歙間，松蘿亦名蘭雪，向以松蘿名者，封面係

〔註86〕　（清）張岱，《陶庵夢憶》（台北：金楓出版社，1986年），頁113～114。

〔註87〕　（清）張岱，〈老饕集序〉，收錄於《張岱詩文集》（上海：上海古籍出版社：1991年），《瑯嬛文集》，卷一，頁107。

〔註88〕　（清）曹雪芹，《紅樓夢》（台北：聯經出版社，2010年），上冊，第38回，頁512。

換，則又奇矣。〔註 89〕

蘭雪茶在明清時廣受好評，甚至於市面上販賣。明末時，有一間「露兄茶館」便是以蘭雪茶著稱。〔註 90〕而上段引文中也指出，蘭雪茶是將茉莉加入茶葉中，一起烹煮而成。而由於其顏色姿態就像白雪傾瀉而下，十分好看，因此被冠上了蘭雪茶的雅稱。

而張岱素來以詩文聞名於世，其豐富的聯想力，以及高度的文學造詣，表現於對飲食的命名及形容上，往往讓平凡無奇的料理更添姿色。前述所提到的〈詠方物二十首〉及蘭雪茶的聯想和命名，便是張岱獨特的飲食美學，也將其高深的文化涵養嶄露的一覽無遺。

冒襄和董小宛、李漁、沈復和陳芸，以及張岱，是清代雅致型飲食文化的代表人物，共通點是都具有多方面的文化修養。他們不同於家財萬貫、飫甘饜肥的達官貴人，能隨時品嚐山珍海味或是豪華宴席；相反的是在審美意識的帶領下，將飲食活動更進一步的演化至充滿美感氛圍、閑情逸趣的境界。從留存下來的紀錄中，也證明了飲食美學並不需要重金打造，即便是垂手可得的普通食材，只要加入個人的創意巧思，稍微改造烹調的程序步驟，或搭配上新奇優雅的詞句，就能在每個簡單的動作間，享受到平凡中的不平凡。

第三節 「節慶型」——節慶活動中的應景花材料理

「凡民函五常之性，而其剛柔緩急，聲音不同，系水土之風氣，故謂之風。好惡取捨，動靜亡常，隨君上之情欲，故謂之俗。」〔註 91〕中國地域廣闊，民族眾多，環境各異，各地民族間的風俗習慣，雖有其相同者，亦有差異者，各自反映了中國各民族的生態和文化，也表達著人們的共同心理、共同要求和共同願望，是綜合了時代中人類精神意識的精華。〔註 92〕

人類的生活方式，可依階級和品類來判別。但一般社會活動，大多數人皆可參與，特別是形成背景悠久的民間節令。〔註 93〕傳統風俗奠基於歷史文

〔註 89〕 （清）張岱，《陶庵夢憶》（台北：金楓出版社，1986 年），頁 36。
〔註 90〕 （清）張岱，《陶庵夢憶》（台北：金楓出版社，1986 年），頁 114～115。
〔註 91〕 （漢）班固，《漢書》（北京：中華書局，1997 年），卷 28 下，〈地理志第八下〉，頁 422。
〔註 92〕 楊景震，《中國傳統歲時節日風俗》（西安：西北大學出版社，2006 年），頁 3。
〔註 93〕 王爾敏，《明清社會文化生態》（台北：台灣商務印書館，1997 年），頁 71～72。

化中，無論地位高低或貧富貴賤，都依循著風俗來生活。在中國悠久的歷史長河中，流傳下來的風俗種類繁多，可分為婚嫁、喪葬、節日、歲時等類別，都有其典故淵源和發展規律，其中節日風俗更與中國飲食文化息息相關，也不乏花材料理的展現。

中國以農立國，農事和農民為國家生產的重要根基，無論為政設教，歷代以來皆視為首要之務。古代廣大民眾的年節活動，是依照傳統文化中的「農曆」來進行推算與施行，至今仍然是華人生活的重要準則。「農曆」即中國的舊曆，〔註 94〕是中國古代勞動人民在天文曆法研究領域中的偉大創造，與農業生產活動有著極為密切的關係。最初是依循著黃河流域的鳥獸蟲魚、草木生態的變化，以及自然現象的消長頻率，來推算出氣候的變化和季節的推移。經過長期的驗證，區別以五日為一「候」，三候為一「氣」，一年中分為二十四節氣，共七十二候。二十四節氣與天候氣象密切配合，不僅決定了人民的作息起伏，也促進節日的形成，並逐漸發展為民眾彼此間走訪親友、禮尚往來的交流形式，日積月累，約定成俗，成為聯繫情感和傳播訊息的橋梁。

清代的民間活動也是依循農曆來進行，但由於清帝國疆域遼闊，幅員廣大，因此各地間風俗也略有不同，不過整體內容相去不遠。清代較為重視的節日有：正月「春節」和「元宵節」、二月「文昌帝君誕辰」和「花朝節」、三月「寒食節」和「清明節」、四月「浴佛節」、五月「端午節」、六月「天口節」、七月「七夕」和「中元節」、八月「中秋節」、九月「重陽節」、十月「寒衣節」、十一月「冬至」、十二月「臘八節」和「除夕」。而在各種節慶活動中，祭祀祖先和神靈時所供奉的祭品、親朋好友相互餽贈的風味食品以及家人團圓時的餐聚活動等，則是節日中的主要內容。藉由這些料理及活動，人們不僅可以向神靈和祖先寄託祝願與感念之情，也能趁著與家人親友共享佳餚時培養感情，團聚一堂。

在清代的節慶料理中，花卉未曾缺席，並以花朝節的「花朝酒」、中秋節「桂花月餅」和重陽節「菊糕」、「菊花酒」最具代表性。

一、花朝節與花朝酒

「花朝」一詞常見於古代詩文中，例如白居易〈琵琶引〉：「春江花朝秋

〔註94〕張之傑編，《百科大辭典》（台北：名揚出版社，1986 年），第四冊，頁 5006。

月夜，往往取酒還獨傾。」〔註95〕、〈喜與楊六侍御同宿〉：「岸幘靜言明月夜，匡床閒臥落花朝。」〔註96〕及司空圖（837～908）〈早春〉：「傷懷同客處，病眼卻花朝。」〔註97〕花朝節為中國傳統歲時八節之一，傳說在唐代天寶年間，某個早春二月夜晚，崔元微於園中品茗賞花，忽見一群容貌豔麗的女子來訪，其中一位名為醋醋。女子們稱要借用此地與「封姨」相見，隨後便有一少婦前來，眾人起身行禮。崔元微以酒菜果肴款待眾人，盡地主之誼。一時之間，眾人把盞暢飲，高聲談笑。席間封姨不小心碰翻酒盅，沾汙了醋醋的衣裙，於是醋醋粉面含怒，拂袖便走。封姨也怒道：「小奴婢竟敢無禮！」於是夜宴因此不歡而散。

隔夜，醋醋姑娘又再度前來，並表明來意。原來昨晚那些來訪者皆是花精，適逢春日將近，準備大放異彩，可是名叫封姨的風神卻出面阻撓。花精們本想藉機向封姨求情，不料醋醋卻與之結怨。如今眾花精都埋怨她，只好求助於崔元微，請崔元微準備紅色錦帛，畫上日月星辰，懸掛在園中的花枝上。崔元徽依言行事，屆時果然狂風大作，而花卉因有彩帛披蓋保護，因此得以保全。當晚，眾花精皆至花園裡來向崔元微致謝，還以衣袖兜了些花瓣請他當場和水吞服，崔元微因此延年益壽，活至百歲，並且年年懸彩護花，最終成仙。〔註98〕

花朝節立於農曆二月，藉於驚蟄和春分之間，正是仲春時節，乍暖還寒時候。此時萬物復甦，百花爭榮吐艷，因此被視為「百花生日」。每逢此日，人們都要祭拜百花，恭祝誕辰。根據田汝成《西湖遊覽志餘》記載，花朝又與八月十五日「月夕」齊名：「蓋花朝、月夕，世俗恆言二、八兩月為春、秋之中，故以二月半為花朝，八月半為月夕。」〔註99〕而「花朝月夕」一詞泛指佳日良辰，文人雅士時常於此時邀飲聚宴，共享良辰美景。

〔註95〕 白居易，〈琵琶引〉，收錄於《全唐詩》（北京：中華書局，1999年），第7冊，頁4831～4832。

〔註96〕 白居易，〈喜與楊六侍御同宿〉，收錄於《全唐詩》（北京：中華書局，1999年），第7冊，頁5192。

〔註97〕 司空圖〈早春〉，收錄於《全唐詩》（北京：中華書局，1999年），第10冊，頁7294。

〔註98〕 （唐）谷神仔，《博異志》，收錄於《中國文言小說百部經典》（北京：北京出版社，2000年），第8冊，頁2581。

〔註99〕 （明）田汝成，《西湖遊覽志餘》（上海：上海古籍出版社，1958年），卷20〈熙朝樂事〉，頁358。

　　中國各地的花朝節在日期上稍有不同，但都在農曆二月時。一般而言，有二月二日、二月十二日以及二月十五日三種不同的情形。以二月二日爲花朝節的記載較少，可能是較不流行；且由於此日早有「挑菜節」的傳統，根據宋周密《乾淳歲時記》記載：

> 二月二日，宮中排辦挑菜，御宴先是預備朱綠花斛，下以羅帛作小卷、書品目於上，繫以紅絲，上植生菜、薺花諸品。俟宴酹樂作，自中殿以次，各以金篦挑之，后妃、皇子、貴主、婕妤及都知等皆有賞。……王宮貴邸亦多效之。〔註100〕

據文中描述，宋代上流社會流行在二月二日時，於聚宴中行「挑菜酒令」，可知當時較流行過挑菜節，相對的花朝節較不受重視。〔註101〕

　　另一個屬於花朝節的日子，則是二月十二日。根據顧祿《清嘉錄》記載：

> 十二日爲百花生日，閨中女郎剪五色彩繒，黏花枝上，謂之「賞紅」。虎丘花神廟，擊牲獻樂，以祝仙誕，謂之「花朝」。蔡雲《吳歈》云：「百花生日是良辰，未到花朝一半春。紅紫萬千披錦繡，尚勞點綴賀花神。」〔註102〕

又引《誠齋詩話》指出，開封當地的花朝節亦爲二月十二日：「東京亦以二月十二日爲花朝。」〔註103〕另一證明，則是《紅樓夢》女主角林黛玉的生辰，也可推測南京一帶的花朝節日期。《紅樓夢》第二十三回「牖記妙詞通戲語，牡丹亭艷曲警芳心」、二十七回「滴翠亭楊妃戲彩蝶，埋香塚飛燕泣殘紅」中的「葬花」之舉，七十六回「凸碧堂品笛感淒清，凹晶館聯詩悲寂寞」中有「冷月葬花魂」一句預言黛玉故亡，〔註104〕以及書中多處描述，顯示曹雪芹視林黛玉是與花卉最爲攸關、最具花卉特質的代表人物。而在第六十二回「憨湘雲醉眠芍藥裀，呆香菱情解石榴裙」中，大夥兒討論個人生日時提到：

> 探春笑道：「倒有些意思，一年十二個月，月月有幾個生日。人多了，便這等巧，也有三個一日，兩個一日的。大年初一日也不白過，大

〔註100〕（宋）周密，《乾淳歲時記》，收錄於《歲時習俗資料彙編》（台北：藝文印書館，1970年），第7冊，頁20～21。

〔註101〕關於二月二日花朝節的歷史由來及少見原因，在陳久金、盧蓮容，《中國節慶及其起源》（上海：上海科技教育出版社，1989年），頁59。以及何小顏，〈花的檔案〉（台北：商務印書館，2001年），頁227中都有研究。

〔註102〕（清）顧祿，《清嘉錄》（北京：中華書局，2008年），卷二，〈二月〉，頁71。

〔註103〕（清）顧祿，《清嘉錄》（北京：中華書局，2008年），卷二，〈二月〉，頁72。

〔註104〕（清）曹雪芹，《紅樓夢》（台北：聯經出版社，2010年），中冊，頁1051。

姐姐占了去。怨不得她福大，生日比別人就占先。又是太祖太爺的
生日冥壽。過了燈節，就是老太太和寶姐姐，她們娘兒兩個遇的巧。
三月初一日是太太，初九日是璉二哥哥。二月沒人。」襲人道：「二
月十二是林姑娘，怎麼沒人？就只不是咱家的人。」〔註105〕
林黛玉的生日被設定於二月十二日，也可推論該日為南京一帶的花朝節。

　　然而，古代有以「十五月半」為吉日的習俗，例如正月十五日為元宵節、
八月十五日為中秋節，故也有以二月十五日為花朝節的說法，可追溯至唐代：
「俗傳之百花生日，唐以二月十五日為花朝。」〔註106〕。

　　花朝節的正確日期，在清代時依然沒有定論。成書於康熙年間、由政府官
修的《御定月令輯要》也記載了兩種說法，一為「增陶朱公書二月十二為百花
生日，無雨百花熟。」〔註107〕及「原風土記二月十五日為花朝，浙湖風俗，
言春序正中，百花競發，乃遊賞之時，宋條制守土官於花朝日，出郊勸農。陶
朱公書十五日為勸農日，晴和主年豐，風雨則歲歉。」〔註108〕綜論上述，可
知花朝節經過數代的演變，至清代時依然以二月十二日和十五日為主流。

　　古代時，每逢花朝節必有相關的慶祝活動，根據《帝京歲時紀勝》記載：
「十二日傳為花王生日，曰花朝。幽人韻士，賦詩唱和。春早時賞牡丹，惟
天壇南北廊、永定門內張園及房山僧舍者最勝。除姚黃、魏紫之外，有天紅、
淺綠、金邊各種，江南所無也。」〔註109〕而宮中亦同，《清稗類鈔》記載：

二月十二日為花朝，孝欽后至頤和園觀剪綵。時有太監預備黃、
紅各綢，由宮眷剪之成條，條約闊二寸，長三尺。孝欽自取紅黃
者各一，繫於牡丹花，宮眷太監則取紅者繫各樹，於是滿園皆紅
綢飛揚，而宮眷亦盛服往來，五光十色，宛似穿花蛺蝶。繫畢，
即侍孝欽觀劇，演花神慶壽事，樹為男仙，花為女仙，凡扮某樹
某花之神者，衣即肖其色而制之。扮荷花仙子者，衣粉紅綢衫，

〔註105〕（清）曹雪芹，《紅樓夢》（台北：聯經出版社，2010年），中冊，頁838。
〔註106〕台灣商務印書館編審委員會主編，《辭源》（台北：商務印書館，1915年），
　　　　下冊，頁6。
〔註107〕（清）李光地等，《御定月令輯要》，收錄於《文淵閣四庫全書》（台北：商務
　　　　印書館，1986年），頁264。
〔註108〕（清）李光地等，《御定月令輯要》，收錄於《文淵閣四庫全書》（台北：商務
　　　　印書館，1986年），頁264。
〔註109〕（清）潘榮陛，《帝京歲時紀勝》，收錄於《明清筆記史料叢刊》（北京：中國
　　　　書店，2000年），頁230。

以肖荷花，外加綠綢短衫，以肖荷葉。余仿此。布景爲山林，四
周山石圍繞，石中有洞，洞有持酒尊之小仙無數。小仙者，即各
小花，如金銀花、石榴花是也。久之，群仙聚飲，飲畢而歌，絲
竹侑酒，聲极柔曼。最後，有虹自天而降，落於山石，群仙跨之，
虹復騰起，上升於天。〔註110〕

古代於花朝節時，有在花卉、樹木的枝條繫上彩色布條的習俗，推測是沿自
於「崔元徽以彩帛防風」之故，至清代都可見這項有趣的傳統。而賞花、賦
詩、觀戲等活動，也都是必備的餘興節目，增添不少歡慶的氣氛。

應景的美食，更是不可缺少的輔助品。相傳唐代宮廷十分重視花朝節，武
則天曾命宮女採集百花，和米搗爛蒸成「百花糕」，於花朝節當日食用。〔註111〕
清代時，則有飲用「花朝酒」的風俗。同治年間，《瑞州府志》記載：「二月十
五日，采百花酣飲賦詩，各學徒爭飲謁長，謂之花朝酒。」〔註112〕所謂花朝
酒，是以花卉釀製或蒸露而成的美酒，在清代時十分流行，《清稗類超》中便
收錄了江南特產「百花酒」：

吳中土產，有福眞、元燒二種，味皆甜熟不可飲，惟常、鎮間有百
花酒，甜而有勁，頗能出紹興酒之間道以制勝。產鎮江者，世稱之
日京口百花。」〔註113〕又云：「燒酒性烈味香，高粱所制日高粱燒，
麥米糟燒，而以各種植物摻入之者，統名之日藥燒，如五茄皮、楊
梅、木瓜、玫瑰、茉莉、桂、菊等皆是也。」〔註114〕

除了百花酒，也有單一花卉製成的酒，品類繁多，是清代街坊市肆的熱門商品，
並多著重於養生食補的功效。〔註115〕清宮中有一種名爲「蓮花白」的花卉酒：

瀛台種荷萬柄，青盤翠蓋，一望無涯。孝欽后每令小閹採其蕊，加

〔註110〕（清）徐珂，《清稗類鈔》（上海：誠成文化出版社，1996 年），〈時令類〉，
頁 10～11。
〔註111〕楊景震，《中國傳統歲時節日風俗》（西安：西北大學出版社，2006 年），頁
165。
〔註112〕（清）黃庭金，同治《瑞州府志》（台北：成文出版社，嘉慶十五年刊本），
卷二，〈風俗〉，頁 53。
〔註113〕（清）徐珂，《清稗類鈔》（上海：誠成文化出版社，1996 年），〈飲食類〉，
頁 2210。
〔註114〕（清）徐珂，《清稗類鈔》（上海：誠成文化出版社，1996 年），〈飲食類〉，
頁 2210。
〔註115〕（清）徐珂，《清稗類鈔》（上海：誠成文化出版社，1996 年），〈飲食類〉，
頁 2209。

藥料，製爲佳釀，名蓮花白。注於瓷器，上蓋黃雲緞袱，以賞親信
之臣。其味清醇，玉液瓊漿不能過也。〔註116〕

然而，蓮花是夏季花卉，於花朝節時飲用較缺乏應景之感。但論清代當時的
催花技術已十分發達，在農曆二月時飲用夏季花卉釀製的酒，並非難事。不
過，無論是花卉是否爲當季時品，只要能在此時邀約三五好友同飲美酒，吟
詩作樂，便覺快意非常。

二、中秋節與桂花月餅

中秋節被稱爲「秋夕」、「八月節」、「八月半」、「月夕」、「月節」。每當此
時，月亮的形狀圓滿，家家戶戶闔家團圓，因此又稱爲「團圓節」。中秋節不
僅是中國傳統文化中十分重要的節日，在其餘華人地區如日本、越南、朝鮮
等地，也有全家團圓過中秋節的傳統。

「中秋」一詞最早出現於《周禮》：「中春，晝擊土鼓，吹豳詩，以逆暑。
中秋，夜迎寒，亦如之。」〔註117〕「豳詩」是言寒暑之事的迎氣歌，於白日
時向太陽求暑，於夜晚時向月亮求寒。中秋時必須在晚間祭月，以迎接即將
到來的冬季，代表著古代天體崇拜和時間周期的觀念，也逐漸發展爲固定的
祭拜和慶祝形式。

古代時流傳著「嫦娥奔月」等神話傳說，反映自古便有崇拜月神的觀念，
並演變爲賞月之俗，至唐代時已大致成形。《全唐詩》中收錄多首以中秋爲主
題的詩篇，例如王昌齡〈長信秋詞，五首之五〉：「長信宮中秋月明，昭陽殿
下擣衣聲。白露堂中細草跡，紅羅帳裡不勝情。」〔註118〕白居易〈效陶潛體
詩，十六首之七〉：「中秋三五夜，明月在前軒。臨觴忽不飲，憶我平生歡。」
〔註119〕及〈華陽觀中，八月十五日夜，招友玩月〉：「人道秋中明月好，欲邀
同賞意如何。華陽洞裡秋壇上，今夜清光此處多。」〔註120〕內容多藉詠月來

〔註116〕（清）徐珂，《清稗類鈔》（上海：誠成文化出版社，1996 年），〈飲食類〉，
頁 2209。

〔註117〕（周）楊天宇譯註，《周禮譯註》（上海：上海古籍出版社，2004 年），〈春官・
籥章〉，頁 348。

〔註118〕（唐）王昌齡〈長信秋詞，五首之五〉，收錄於《全唐詩》（北京：中華書局，
1999 年），第 2 冊，頁 1445。

〔註119〕（唐）白居易，〈效陶潛體詩，十六首之七〉，收錄於《全唐詩》（北京：中華
書局，1999 年），第 7 冊，頁 4733。

〔註120〕（唐）白居易，〈華陽觀中，八月十五日夜，招友玩月〉，收錄於《全唐詩》

抒懷情志。《開元天寶遺事》也記載：「玄宗八月十五日夜，與貴妃臨太液池，憑欄望月不盡，帝意不快，遂敕令左右於池西岸別築百尺高臺，與吾妃子來年望月，後經祿山之兵不復置焉，惟有基址而已。」〔註121〕上述記載皆說明了唐代時中秋賞月風氣之盛。宋代《夢粱錄》中對於中秋夜晚的節慶活動，有很生動的描述：

> 八月十五中秋節，此日三秋恰半，故謂之「中秋」。此夜月色倍明於常時，又謂之「月夕」。此際斤風荐爽，玉露生涼，丹桂香飄，銀蟾光滿，王孫公子，富家巨室，莫不登危樓，臨軒玩月，或開廣榭，玳筵羅列，琴瑟鏗鏘，酌酒高歌，以卜竟夕知歡。至如舖席之家，亦登小小月臺，安排家宴，團□子女，以酬佳節。雖陋巷貧窶之人，解衣市酒，勉強迎歡，不肯虛度。此夜天街賣買，直至五鼓，玩月遊人，婆娑於市，至曉不絕。〔註122〕

至宋代時，中秋賞月已是全民活動，當晚的街市十分熱鬧，直至深夜依然人潮洶湧，足以見得中秋節在古代生活中的代表意義，不僅是團聚的象徵，也充滿著歡樂氛圍。一直到清代，每逢中秋夜圓時，城內活動依然通宵達旦，即便是婦女也不例外：「中秋賞月禮斗，燒斗香，向以南園為盛，比戶瓶花香蠟，望空頂禮，小兒女膜拜月下，嬉戲燈前，謂之齋月宮。婦女盛粧出遊，互相往還，或隨喜園亭，人靜更闌，猶姿婆娑月下，謂之踏月。」〔註123〕

中秋節的代表食品為月餅，既可作為拜月時的祭品，也可饋贈親友，維繫感情。月餅的食用始於唐代，據傳唐僖宗曾於中秋節時，命御膳廚房用綾布包裹月餅，賜予新科進士，是中國古代首見月餅的紀錄。〔註124〕宋代以後，月餅逐漸普及，《東京歲時記》記載了開封當地食用月餅的習俗：「至供月日餅，到處皆有，大者尺餘，上繪月宮蟾兔之形。有祭華而食者，有留至除夕而食者。」〔註125〕周密《武林舊事》中也記載了以蒸製法作成的月餅。〔註126〕

（北京：中華書局，1999 年），第 7 冊，頁 4840。

〔註121〕（五代）王仁裕，《開元天寶遺事》，收錄於王雲五編，《歷代小史》，台北：台灣商務印書館，1969 年，卷十八，頁 23。

〔註122〕（宋）吳自牧，《夢粱錄》（濟南：山東友誼出版社，2001 年），卷四，頁 44。

〔註123〕（清）王韜，《瀛壖雜志》，收錄於《叢書集成三編》（台北：新文豐出版社，1996 年），第 79 冊，史地類，頁 350。

〔註124〕韓養民、郭興文，《中國古代節日風俗》（西安：陝西人民出版社，2002 年），頁 252。

〔註125〕（宋）《東京歲時記》。轉引自楊景震，《中國傳統歲時節日風俗》（西安：西

明代時，各地方志都可見得關於月餅的紀錄，嘉靖年間《威縣志》記載：「中秋，置酒玩月，爲月餅饋之。」〔註127〕《定海縣志》亦云：「中秋士人家祀月，於庭置酒，酤燕翫月爲樂，以月餅相饋遺。」〔註128〕《通許縣志》則寫道：「中秋，月初上時，陳瓜果、酒於中庭，以麵作一大餅，祭畢家人分食，謂之團圓餅。或命伎樂召親朋共飲，謂之翫月。交相召飲至曉而止焉。」〔註129〕文中提到的「團圓餅」，是各家庭自製的大型月餅，體積大而圓狀，取「團圓」之意。三至五層，烙製而成，四周雕塑著各式花朵，作爲祭拜時的貢品，祭拜後大家分而食之。〔註130〕清代也繼承此俗，以北京地區爲例，月餅以圓爲上，而水果則會雕刻成花瓣形狀：「按帝京景物略，八月十五日祭月，其祭果餅必圓，瓜必牙錯瓣刻之如蓮花形。」〔註131〕又云：「凡中秋供月，西瓜必參差切之如蓮花瓣形。」〔註132〕

在中秋節的應景食品中，也可見得花材料理，並具有季節性，妥善運用當季盛放的花卉。《花鏡》記載，農曆八月時「鴻雁來，玄鳥逸，槐黃榮，桂花飄，斷腸始嬌，金錢夜擲，丁香紫，蘋沼白，花盡實也。」〔註133〕農曆八月時，秋高氣爽，氣候宜人，是桂花、秋海棠和紫丁香盛開的季節，其中桂花因爲「月中桂樹」、「吳剛伐桂」等傳說，因此與中秋節有直接的關聯性，故最適合被運用於節慶料理中。根據潘榮陛《帝京歲時紀勝》中記載了一道「中秋桂餅」，故名思義，便是以桂花作爲內餡而製成的糕餅，類似於《清稗類鈔》中「廣寒糕」：「采桂英，去青蒂，洒以甘草水，舂粉，炊作糕。」〔註134〕另外，「桂花東酒」則是以桂花釀製而成，〔註135〕爲帝王專用的御酒，不僅芳香宜

北大學出版社，2006年），頁198。

〔註126〕（宋）周密，《武林舊事》（濟南：山東友誼出版社，2001年），卷六，頁117。

〔註127〕（明）胡容，《威縣志》，收錄於《天一閣藏明代方志選刊續編》（上海：上海書店，1990年），第2冊，頁633。

〔註128〕（明）張時徹，《定海縣志》，收錄於《天一閣藏明代方志選刊續編》（上海：上海書店，1990年），第29冊，頁563。

〔註129〕（明）韓玉纂，《通許縣志》，收錄於《天一閣藏明代方志選刊續編》（上海：上海書店，1990年），第58冊，頁82。

〔註130〕楊景震，《中國傳統歲時節日風俗》（西安：西北大學出版社，2006年），頁165。

〔註131〕（清）富察敦崇，《燕京歲時記》（台北：廣文書局，1969年），頁90。

〔註132〕（清）富察敦崇，《燕京歲時記》（台北：廣文書局，1969年），頁89。

〔註133〕（清）陳淏子，《花鏡》（北京：農業出版社，1962年），頁25。

〔註134〕（清）徐珂，《清稗類鈔》（上海：誠成文化出版社，1996年），〈飲食類〉，頁2238。

〔註135〕（清）潘榮陛，《帝京歲時紀勝》，收錄於《明清筆紀史料叢刊》（北京：中國

人，更充滿了節慶氛圍。

　　不過，有一點值得注意，雖然桂花以秋季爲主要生產季節，但事實上全年皆可開花，再加上清代花卉栽培技術發達，無論是保藏或催花，皆能運用得宜，因此桂花也能運用於其他季節。道光年間，張春華《滬城歲事衢歌》便記載：

> 家家搏粉製年糕，仿款蘇臺逐高，入肆恍如秋，八月桂花香，細染寒袍，搏粉入飴，捶之使堅爲年糕。其形方，長不一，有紅、白二種，製法同吳門，八月桂花盛開採而藏之，冬時綴於糕，色如鮮桂，芬芳四溢，過糕肆者猶香襲衣袖。〔註136〕

年糕素是除夕、春節時常見的節慶料理。根據文中描述，上海曾製作桂花年糕，除了顯示桂花的多元價值外，也證明了清代保藏花卉的技術已十分純熟，才能確保秋日摘取的桂花，於冬日時還能鮮豔欲滴，不減其香。

三、重陽節與菊糕、菊花酒

　　重陽節，也稱爲「茱萸節」、「菊花節」、「登高節」。因立於農曆九月九日，因此又稱爲「重九節」。根據《易經》指出，數有陰、陽之分：「伏羲仰觀俯察，見陰、陽有奇耦之數，故畫一奇以象陽，畫一耦以象陰。」〔註137〕凡一、三、五、七、九爲奇數，均屬陽，二、四、六、八、十等雙數則屬陰，其中五居正中，九爲陽數中最大者，均被視爲吉數，故古代以「九五之尊」來形容帝王的至高無上。也因此，九月九日以雙陽數，被稱爲「重陽」。〔註138〕漢末三國時，曹丕（187～226）〈九日與鍾繇書〉中云：「歲月往來，忽復九月九日。九爲陽數，而日月並應，俗嘉其名，以爲宜於長久，故以享宴高會。」〔註139〕可見得古代時，視重陽節爲值得慶祝的吉日。

書店，2000年），頁248～249。
〔註136〕（清）張春華，《滬城歲事衢歌》，收錄於《叢書集成續編》（台北：新文豐出版社，1989年）第224冊，史地類，頁436～437。
〔註137〕（周）《易經》（台北：啓明書局，1960年），卷一，〈上經〉，頁1。
〔註138〕關於陽數、陰數之研究，可參考章太炎，《易經論叢》（台北：廣文書局，1971年）。重陽節與陽數的關聯性，可參考行政院文化建設委員會編，《中國節日叢書‧重陽》（台北：行政院文化建設委員會，1995年），頁8。陳久金、盧蓮容，《中國節慶及其起源》（上海：上海科技教育出版社，1989年），頁146。
〔註139〕（魏）曹丕，〈九日與鍾繇書〉，收錄於嚴可均輯，《全三國文》（北京：商務印書館，1999年），上冊，頁64。

重陽節成立的年代，有「戰國說」、「西漢說」及「東漢說」三種不同論點，各有其擁護者，但大致上可推論早在漢代時已有重陽節的存在。〔註140〕劉歆《西京雜記》記載，漢高祖的寵妃戚夫人有一侍女賈蘭之，回憶起宮中生活時提到：「九月九日佩茱萸，食蓬餌，飲菊花酒，令人長壽。菊花舒時并採莖葉雜黍米釀之，至來年九月九日始熟，就飲焉，故謂之菊花酒。」〔註141〕此外，也相傳汝南人桓景，向費長房學習仙術，一日費長房向桓景示警道：「九月九日，汝家中當有災，宜急去，令家人依各作絳囊，盛茱萸以繫臂，登高飲菊花酒，此禍可除。」〔註142〕桓景聽從其言，當日依其方法，果真避開了一場災難。也因此後世便流行於重陽節時登高望遠、佩戴茱萸和飲用菊花酒。

最初，登高的目的是為了避除惡禍，卻逐漸演變為郊遊野餐的形式，民眾得以趁此欣賞大自然風光，並藉由登山運動來保健身體。登高望遠除了可以寄懷情思及養生保健外，也時常於舉行野餐聚會，地點多設置於高樓平台，山明水秀一覽無遺：「九月九日宴會，未知起於何代，然自漢至宋未改。今北人亦重此節，佩茱萸，食餌，飲菊花酒，云令人長壽。近代皆宴設於台榭。」〔註143〕宋代孟元老《東京夢華錄》也提到：「都人多出郊外登高，如倉王廟、四里橋、愁台、梁王城、硯台、毛駝崗、獨樂崗等處宴樂。」〔註144〕至清代時，登高之風依舊盛行，據《帝京歲時紀勝》記載，北京一地以真覺寺和法藏寺為當時最熱門的登高景點：「重陽日，北城居人多於阜城門外真覺寺五塔金剛寶座臺上登高。南城居然多於左安門內法藏寺彌陀塔登高。」〔註145〕

重陽節時所食用的應景食品，歷代皆有不同。漢代時食以蓬草製成的「蓬餌」，並逐漸演化為「重陽糕」，造型花樣也愈來愈精緻，同時也可饋贈親友：「前一二日，各以粉麵蒸糕遺送，上插剪彩小旗、摻釘果實，如石榴子、栗黃、銀杏、松子肉之類。」〔註146〕宋代《夢梁錄》也提到了各色糕餅的製作

〔註140〕請參考楊琳，《節日中國‧重陽》（北京：三聯書店，2009年），頁15～21。
〔註141〕（漢）劉歆，《西京雜記》，收錄於《景印文淵閣四庫全書》（台北：商務印書館，1986年），子部，小說家類，頁1035～14。
〔註142〕王星光、高歌，〈中國古代花卉飲食考略〉，《農業考古》，2006年，1期，頁192。
〔註143〕（晉）宗懍，《荊楚歲時記》（湖北：人民出版社，1985年），頁122。
〔註144〕（宋）孟元老，《東京夢華錄》（北京：文化藝術出版社，1998年），頁56。
〔註145〕（清）潘榮陛，《帝京歲時紀勝》，收錄於《明清筆紀史料叢刊》（北京：中國書店，2000年），頁250。
〔註146〕（宋）孟元老，《東京夢華錄》（北京：文化藝術出版社，1998年），頁57。

方法：

> 兼之此日都人店肆，以糖麵蒸糕，上以豬羊肉、鴨子爲絲簇餅，插
> 小彩旗，名曰『重陽糕』。禁中閤分及貴家相爲饋送。蜜煎局以五色
> 米粉塑成獅蠻，以小彩旗簇之，下以熟栗子肉杵爲細末，入麝香糖
> 蜜和之，捏爲糕餅小段，或如五色彈兒，皆入韻果糖霜，名之『獅
> 蠻栗糕』，供禱進酒，以應節序。〔註147〕

上文中提到，將糕餅裝飾爲五色及插旗，目的在於趨吉避凶，甚至藉由獅子
形狀的裝飾物來達到恫嚇邪魔的效果。〔註148〕而這樣的傳統一直延續到清
代，在文獻中都能見到類似的描述。

重陽糕的口味眾多，其中不乏以花卉製成者。宋周密《乾淳歲時記》收
錄了一種名爲「菊糕」的糕餅：「各以菊糕爲饋，以糖、肉、秫麵雜物爲之，
上縷肉絲、鴨餅，綴以榴顆，標以彩旗。」〔註149〕清代時亦有菊糕，光緒年
間《青浦縣志》記載：「九日，蒸菊糕，標以紅紙旗，供神佛。」〔註150〕而重
陽糕的花樣不斷翻新，口味也十分多元：

> 京師重陽節，花糕極盛。有油糖果爐作者，有發麵纍果蒸成者，有
> 江米、黃米搗成者，皆剪五色彩旗以爲標幟。市人爭買，供家堂饋
> 親友。小兒輩又以酸棗搗糕，火炙脆棗、糖拌果乾、線穿山楂，繞
> 街賣之。有女之家，饋遺酒禮，歸寧父母，又爲女兒節。染舖賑濟
> 饑貧，鬨然如市。〔註151〕

值得注意的是，文中所指「花糕」，是清代時重陽糕的統稱，取色彩斑斕、花
樣繁多之意，並非以花卉製成。眞正與花卉相關的重陽節應景食品，除了菊
糕外，另有菊花酒。

「季秋之月……鞠有黃華」，〔註152〕菊花的主要產於秋季，是重陽節的

〔註147〕（宋）吳自牧，《夢梁錄》（濟南：山東友誼出版社，2001年），卷五，頁48。

〔註148〕楊琳，《節日中國‧重陽》（北京：三聯書店，2009年），頁101。

〔註149〕（宋）周密，《乾淳歲時記》，收錄於《歲時習俗資料彙編》（台北：藝文印書
館，1970年），第7冊，頁41。

〔註150〕（清）陳其元，光緒《青浦縣志》（台北：成文出版社，清光緒五年刊本），
卷二，〈疆域‧風俗（附歲時）〉，頁225。

〔註151〕（清）潘榮陛，《帝京歲時紀勝》，收錄於《明清筆紀史料叢刊》（北京：中國
書店，2000年），頁249～250。

〔註152〕王夢鷗註釋，《禮記今註今譯》（台北：商務印書館，1987年），上冊，〈月令〉，
頁292。

應景花卉，《燕京歲時記》以「九花」稱之：「九花者，菊花也。每屆重陽，富貴之家以九花數百盆架口廣廈中，前軒後輊，望之若山，約九花山子，四面堆積者曰九花塔。」〔註153〕菊花除了可以觀賞，更可釀酒入茶，而在神話傳說的推波助瀾下，菊花酒也成為重陽節必備的節慶食品之一。這項習俗自漢代始，一直延續到明清都不見消歇。明嘉靖《定海縣志》記載：「是日，蒸麵棗糕上插菊花，並剪綿像生花枝，親朋交遺男女家，追節如端陽。俗競釀菊花酒，以味之美惡為勝負也。」〔註154〕清代道光《陽江縣志》也提到：「九月九日重陽節，士人結伴登高飲菊花酒。」〔註155〕及《安陸縣志》：「重九，士大夫採茱萸，攜酒登高，同侶嘯咏。亦或製糕相餉，多就籬培黃花種，多而佳者為勝，是日造酒。」〔註156〕光緒《重修常昭合志》：「九月九日，登高飲菊花酒。用粉或麵和脂蒸之，約重陽糕。」〔註157〕由於各地方志中的描述大同小異，可見得在清代時，於重陽節飲用菊花酒的風俗已經十分普及。此外由於菊花是傳統中醫中時常使用的藥材，例如白菊能平肝明目，黃菊能清熱卻風，野菊能解毒、降血壓，無論是入酒製茶，飲用後皆能達到強身健體和延年益壽的功效，〔註158〕恰恰符合了重陽節避凶逃惡以健康長壽的宗旨。

　　清代也流行在重陽節時大啖螃蟹，同時搭配菊花酒。《燕京歲時記》提到：「重陽時，以良鄉酒配糟蟹等而嘗之，最為甘美。」〔註159〕秋季為螃蟹產季，肥美的秋蟹至今仍是饕客們的最愛。《紅樓夢》第三十八回「林瀟湘魁奪菊花詩　薛蘅蕪諷和螃蟹詠」中描述眾人舉行「螃蟹宴」，把酒賞花，臨池垂釣，同時結社作詩，其中薛寶釵詠道：「桂靄桐陰坐舉殤，長安涎口盼重陽。眼前道路無經緯，皮裏春秋空黑黃。酒未敵腥還用菊，性防積冷定

〔註153〕　（清）富察敦崇，《燕京歲時記》（台北：廣文書局，1969年），頁102。
〔註154〕　（明）韓玉纂，《通許縣志》，收錄於《天一閣藏明代方志選刊續編》（上海：上海書店，1990年），第58冊，頁82～83。
〔註155〕　（清）李澐，道光《陽江縣志》（台北：成文出版社，清光緒三十年刊本），卷六，〈風俗〉，頁258。
〔註156〕　（清）王慶謙，道光《安陸縣志》（台北：成文出版社，清道光二十三年刊本），卷八，〈風俗〉，頁354。
〔註157〕　（清）鄭鍾祥，光緒《陽江縣志》（台北：成文出版社，清道光二年刊本），卷二，〈風俗〉，頁189。
〔註158〕陳久金、盧蓮容，《中國節慶及其起源》（上海：上海科技教育出版社，1989年），頁155。
〔註159〕　（清）富察敦崇，《燕京歲時記》（台北：廣文書局，1969年），頁105。

須姜。於今落釜成何益，月浦空餘禾黍香。」〔註160〕一般而言，烹調螃蟹時的佐料爲薑、酒、醋和菊，原因在於薑能去寒，菊能解膩，皆爲食蟹良伴。也因此，菊花酒除了是重陽節的應景飲品外，更能搭配螃蟹來食用，更添節慶色彩。

綜論上述，清代花材料理沿襲了傳統風俗民情，形成不少充滿節慶色彩的花材料理，且無階級區分，上至皇親國戚，下至市井小民都可食用，屬於全體共享的應景美食。

〔註160〕（清）曹雪芹，《紅樓夢》（台北：聯經出版社，2010 年），上冊，頁 519。

結 論

　　人類對飲食的熱愛與重視，已進入了「無所不吃」、「無所不試」的境界。大自然中各種動植物素材，都成了美味的盤中飧，而花卉也不例外。

　　花材料理經過數千年的演變，至清代集大成。而在 21 世紀的現代社會，依舊不斷的推陳出新，發展出更多樣化、更具創意的花材料理。例如中式餐廳中的香片茶、西式料理中的花茶，甚至包含了便利商店所販賣的花卉茶飲，雖然製法相異，但都是花材料理的體現。在台灣新竹縣橫山鄉的內灣村，傳統老街上販賣的「野薑花粽」、「野薑花冰」及「炸野薑花」，更是遊客們不可錯過的美味。由於油炸花瓣是古代常見的花材料理，因此筆者也曾經嘗試，藉著品味美食的同時，發思古之幽情。此外，本書介紹的「暗香湯」，也有類似商品販售，是十分熱門的伴手禮。

　　然而，雖然花材料理帶給人們耳目一新的奇妙感受，但過去食譜中關於食用花卉的紀錄，卻遠不如貓、狗、魚翅等野味山珍來的令人注意。對於花卉的研究，也較著重於觀賞價值。歷史學界雖然曾論及花卉的食用，但論述不深，缺乏全面性的研究；園藝學界對於花卉的研究，也以生態性狀、培育技術為主，不曾著墨於飲食面向。飲食文化界則多半是小篇幅或美食專欄式的介紹。因此，本研究的最大宗旨，便是重新組合史料文獻，建構出清代花材飲食文化的原貌，來彌補過去研究成果的不足。本書歸納出有別以往的重點，統整如下。

　　首先在探討之前，必須瞭解花卉在清代所佔有的重要性，以及當時的取用來源等。江南地區為清帝國經濟和文化重心，氣候宜人，園林眾多，文人和富人集中於此，因此成為愛花、種花、賞花風氣最為盛行之處。每每於花

季時，眾園林便舉行賞花、賽花等大型活動，使得江南地區成為一座大型花園。而當時花卉栽培業和交易活動，也在社會風氣的鼓舞下蓬勃發展，並利用了四通八達的水運，編織成錯縱複雜的貿易網絡。

花卉譜錄於清代達到鼎盛。根據紀錄得知，當時栽培技術已十分高明，時常利用人工嫁接和塘花技術，促使江南地區四季皆有花卉盛放。總括而言，清代花卉的來源十分廣泛，既可透過買賣交易，也可以親身栽培。而憑藉著當時的栽培知識，大部份的花卉取得並非難事。換言之，清代花材飲食文化便是奠基於這樣的愛花風氣之上，提供了良好的發展基礎。

明清時，文人提倡的「遵生」、「重蔬食」觀念，將花材料理更加發揚光大，舉凡食譜中收錄的花材料理數量、種類、烹調方式，皆是歷代之冠，證明當時美食家和烹飪家對於花材的認識和利用，已經成熟完備。本書將清代花材料理的食用和烹調方式，歸納出四大特色：

第一點，是花卉主體──花瓣的食用，是最常見的形式。由於花瓣嬌嫩脆弱，因此烹調時首重時間的長短，避免加熱時間太長，而使花瓣過於熟爛，失去色澤和口感。而摘取時間的拿捏也是一門藝術，例如挑選尚未完全綻放的花蕾，再利用烹調溫度來促使花瓣展開，讓料理吸收花卉完整的芬芳，是視覺和味覺兼顧的料理。另外，清代時也十分注意花材料理的美觀，例如藉由花瓣顏色的配置，發揮花卉與生俱來的外貌優勢，達到色、香、味俱全的完美境界。

第二點，是花露的使用。花露是能讓花香與料理最快速結合的方式。其發展歷史悠久，至清代時已成了熱門商品。製法是利用蒸餾法，萃取花卉的精華，將所得露液摻入飲料或食品中，不但能品嚐到花卉芳香在口中四溢，也能保健身體，增進食慾。

第三點，為花卉粥的養生功能，也是最具營養價值、且最能將食補效果發揮得淋漓盡致的料理。粥膳本身即具有製作簡單、便於消化的特點，長期食用能達到滋補養生和延年益壽的功效，十分適合老人和病患的食用。而花卉也有各自不同的醫療效果，兩者相輔相成下更是相得益彰；同時也連結了花材飲食文化與養生文化間的關係，無論是在飲食史或醫療史中，都是不可分割的重要元素。

第四點，花材料理的命名技巧。清代花材的命名方式豐富多樣，呈現了「以料命名」的質樸方式、古典有趣的「以典命名」法，也有「以色命名」

和「以形命名」法，藉由巧妙的比喻和聯想，讓食客們會心一笑，飲食過程
也充滿趣味性和藝術性。

　　上述四點，是歷來研究較少關注之處，也是本書的研究成果。另外，更
有一重要觀念值得注意，中國飲食文化的形式豐富多變，且蘊藏了深厚的內
涵，不僅只滿足口腹之慾，更講求了特有的審美觀點。而清代花材料理無論
是製備過程或食用方式，都恰恰符合了「美」的概念。

　　愛美之心，人皆有之。「美」的感知和意識，是人類對外在世界、生活內
容的理解和詮釋，而觸發的對象更是包羅萬象。飲食活動所激發的審美觀感，
是由於人類對飲食的感受和覺悟，並且進入了深刻、活躍且具有系統化、理
論化的層次。根據《說文解字》釋云：「美，甘也。從羊大。羊在六畜主給膳
也。美與善同意。」〔註1〕而「羊大則美」。〔註2〕這段話指出了中國古代飲食
審美意識的產生，是直接來自於日常飲食的實踐。此外，《說文解字》又云：
「甘，美也。從口含一。一，道也。」〔註3〕段玉裁注：「五味之可口皆曰甘。
食物不一，而道則一。所謂味道之腴也。」〔註4〕文中的「道」，並非指味道，
而是意境。食物的可口便能進入美感的境界，各式各樣的食物都能具有美的
意識。而「甘」、「美」、「善」三字同義，也顯示了當人們口中吃到好吃的食
物，便激發出美的感觸，善也油然而生，即形成了飲食審美的觀念。

　　過去研究曾指出，中國飲食文化中的「美」可分為十大類，稱之為「十
美風格」：質地美、聞香美、色澤美、行制美、器具美、味覺美、口感美、節
奏美、環境美、情趣美。〔註5〕而本書介紹的花材料理，恰好代表了「質地美」、
「聞香美」、「色澤美」及「情趣美」四大風格。

　　「質地美」是中國飲食文化中的典型特徵，是指原料和成品的品質優良，
營養豐富；烹調過程中依照食材物性的差異和優缺，而有不同的改良和取捨。

〔註1〕（漢）許慎，《說文解字》，收錄於《文津閣四庫全書》（北京：商務印書館，
　　　2006年），218冊，〈小學類〉，頁77。
〔註2〕（漢）許慎，《說文解字》，收錄於《文津閣四庫全書》（北京：商務印書館，
　　　2006年），218冊，〈小學類〉，頁77。
〔註3〕（漢）許慎，《說文解字》，收錄於《文津閣四庫全書》（北京：商務印書館，
　　　2006年），218冊，〈小學類〉，頁98。
〔註4〕（漢）許慎，《說文解字》，收錄於《文津閣四庫全書》（北京：商務印書館，
　　　2006年），218冊，〈小學類〉，頁98。
〔註5〕關於中國飲食中的美感類型，請參考趙榮光，〈中國古代飲食文化十美風格述
　　　析〉，收錄於《首屆中國飲食文化國際研討會論文集》，1991年。

而對照花材料理，無論是何種烹調方式，都須依循花材各自不同的屬性，以及謹慎拿捏火候、時間分配，才能完整呈現花材料理的質地之美。而花卉的天然芳香和嬌豔色澤能夠刺激食慾，並且在食用時享受優雅怡人的氛圍，則是「聞香美」、「色澤美」的體現。

「情趣美」，是中國古代美食家所追求的最高享受。飲食作為物質活動，伴隨著愉快的氛圍和高雅的環境，便能充分聯繫生理和精神層次的諧同感受。而本書第三章介紹了花材料理在清代社會上所呈現的各種樣貌，即是情趣美感的深入探討。

清代花材飲食文化可分為三大類型：「豪華型」、「雅致型」和「節慶型」，綜合比較後可發現幾個重點。「節慶型」與「豪華型」的共通點，在於兩者皆有著熱鬧歡慶的氣氛，並藉著飲食活動將賓客團聚一堂，共享佳餚美食。但不同之處，則在於「對象」。「豪華型」的對象多為上層社會。「節慶型」花材料理則是不分貧富貴賤和階層族群，人人都能品嚐的應景美食。換言之，「節慶型」屬於全民運動，「豪華型」則因需要足夠的財力才能承辦出精緻講究的筵席，較具有階級色彩。

相較於「豪華型」和「節慶型」，「雅致型」的主要對象為文人，講求雅潔簡約，不需要盛大排場、繁文縟節或珍稀食材，也毋須選定特殊的節日。而是在日常生活中，以隨處可見的花卉，搭配簡單的烹調程序，在看似尋常無奇的飲食過程中，展現生活的情趣之美。這類型的花材料理，結合了清代文人深厚的文學涵養和藝術氣息，透過其別出心裁的創意巧思，發揮更大的聯想力。不僅為日常飲食增添了新鮮感，也刺激了文學作品的產生，對中國文學有著正面的影響，亦為花材飲食文化中「情趣美」的極致展現。

二十一世紀，是注重環保的時代，食物也講求「節能減碳」、「生機飲食」和「綠色食物」。而中國人對花卉的食用，恰恰符合了自二十世紀末，全球所興起的「樂活」（Lohas）風潮。Lohas 為「Lifestyles of Health and Sustainability」的縮寫，意指持續性的以健康方式過生活，鼓吹快樂、用心的人生態度，追求簡單、環保、衛生、自然的生活方式。例如提倡節約及可重複利用的能源，使得自然生態能永續發展。追求質樸的衣著裝飾，不使用保育類動物製成的材質。家具器用也以天然為主。飲食上以衛生、健康為目標，同時搭配瑜珈、中醫食補、天然藥物、心靈探索課程等，來達到健全的人格與個人成長。

環保議題和樂活風潮，促使人們開始重視天然飲食，烹調時講求簡單清

淡，不過份加工，提升了蔬食的重要性。然而早在明清二代，部分文人已提出了類似概念，導因於明代中後期愈漸豪奢的飲食風氣。這個現象激發了有志文人及美食家的反對思想，主張「遵生頤養」和「重蔬食、輕肉食」的養生觀念。雖然成效有限，但也顯示著不管社會如何發展，風氣和人心如何變化，健康良好的飲食態度，從古到今都是十分重要的信念。

如果說，宋代林洪《山家清供》激發了花材料理的轉變，明代文人鼓舞了花材料理的發展，那麼清代便是中國花材飲食文化的鼎盛時期。經過歷代以來的技術傳承以及經驗累積，清代時的花材料理更加精緻新奇，也普及於各個階層，屬於全體人民都能擁有的飲食文化與資產。而經過這次的研究發現到，花材料理兼顧了視覺、嗅覺和味覺感官，也達到中國飲食文化中「色、香、味俱全」的最高境界。其中更值得關注的是，清代時的原料採集和運用，皆以「本味」為首要之務，使用的是來自於大自然的素材，未經過太多的加工程序，卻依然能夠製備出適口宜人的料理。反觀現代餐飲業中的花材料理，所使用的是乾燥花瓣，和添加了人工色素的花卉萃取液，以及近年沸沸揚揚的起雲劑、黑心食品事件等，皆是科技工業高度發展下的弊端。兩相對照，更顯得清代花材飲食文化的難能可貴。

參考書目

一、史料

（一）詩詞筆記類

1. 〔周〕全啓華譯著，《詩經》，南京：江蘇古籍出版社，1984 年。

2. 〔周〕楊天宇譯註，《周禮譯註》，上海：上海古籍出版社，2004 年。

3. 〔周〕《易經》，台北：啓明書局，1960 年。

4. 〔戰國〕呂不韋，《呂氏春秋》，台北：暢談國際文化事業出版社，2003 年。

5. 〔戰國〕屈原，《楚辭》。收錄於吳平，《楚辭文獻集成》，揚州：廣陵書社，2008 年。

6. 〔漢〕王逸，《楚辭章句》，台北：藝文印書館，1967 年。

7. 〔漢〕王夢鷗註釋，《禮記今註今譯》，台北：台灣商務印書館，1987 年。

8. 〔漢〕許慎，《説文解字》，北京：社會科學文獻出版社，2005 年。

9. 〔漢〕許慎，《説文解字》，收錄於《文津閣四庫全書》（北京：商務印書館，2006 年），218 冊，〈小學類〉。

10. 〔漢〕班固，《漢書》，北京：中華書局，1997 年。

11. 〔漢〕劉歆，《西京雜記》。收錄於《景印文淵閣四庫全書》，台北：台灣商務印書館，1986 年，子部，小説家類。

12. 〔魏〕嚴可均輯，《全三國文》，北京：商務印書館，1999 年。

13. 〔魏〕王肅注，《孔子家語》。收錄於《孔子文化大全》，山東：山東友誼書社，1991 年。

14. 〔晉〕宗懍，《荊楚歲時記》，湖北：人民出版社，1985 年。

15. 〔晉〕葛洪，周國林譯注，《神仙傳全譯》，貴州：貴州人民出版社，1998

年。

16. 〔晉〕郭璞,《山海經》。收錄於《景印文淵閣四庫全書》,第 1042 冊,子部,小說家類。

17. 〔唐〕谷神子,《博異志》。收錄於《中國文言小說百部經典》,北京:北京出版社,2000 年。

18. 〔唐〕孔穎達,《尚書》,北京:中華書局,1998 年。

19. 〔唐〕柳宗元,《柳宗元全集》上海:古籍書版社,1997 年。

20. 〔唐〕柳宗元,《河東先生龍城錄二卷》,台北:藝文印書館,1967 年。

21. 〔唐〕馮贄,《雲仙雜記》,北京:中華書局,1998 年。

22. 〔五代〕王仁裕,《開元天寶遺事》。收錄於王雲五編,《歷代小史》,台北:台灣商務印書館,1969 年。

23. 〔宋〕李昉,《太平廣記》。收錄於文懷沙編,《隋唐文明》,蘇州:古吳軒出版社,2004 年,第 47 卷。

24. 〔宋〕李清照,《李清照全集評注》,山東:濟南出版社,1990 年。

25. 〔宋〕沈括,《夢溪補筆談》。收錄於《夢溪筆談》,台北:台灣商務印書館,1968 年。

26. 〔宋〕周敦頤,《元公周先生濂溪集》,湖南:嶽麓書局,2006 年。

27. 〔宋〕周密,《乾淳歲時記》。收錄於《歲時習俗資料彙編》,台北:藝文印書館,1970 年。

28. 〔宋〕周密,《武林舊事》,濟南:山東友誼出版社,2001 年。

29. 〔宋〕林逋,《林和靖先生詩集》,台北:台灣商務印書館,1965 年。

30. 〔宋〕吳自牧,《夢梁錄》,台北:文海出版社,1981 年。

31. 〔宋〕孟元老,《東京夢華錄》:北京:文化藝術出版社,1998 年。

32. 〔宋〕吳曾,《能改齋漫錄》,台北:廣文書局,1961 年。

33. 〔宋〕高承,《事物紀原》。收錄於《惜陰軒叢書》,台北:藝文出版社,1967 年。

34. 〔宋〕陳振孫,《直齋書錄解題》,收錄於《景印文淵閣四庫全書》,台北:台灣商務印書館,1986 年,第 845 冊。

35. 〔宋〕黃庭堅,《黃庭堅全集》,四川:四川大學出版社,2001 年。

36. 〔宋〕陸友仁,《吳中舊事》,收錄於《景印文淵閣四庫全書》,台北:台灣商務印書館,1986 年,第 590 冊。

37. 〔宋〕歐陽修,《新唐書》,北京:中華書局,1975 年。

38. 〔宋〕蔡絛,《鐵圍山叢談》,北京:中華書局,1983 年。

39. 〔明〕田汝成,《西湖遊覽志》,台北:世界書局,1963 年。

40. 〔明〕佚名,《便民圖纂》,明萬曆間刊本,台北:古亭書屋。

41. 〔明〕佚名,《居家必用事類》,北京:中華商業出版社,1986 年。

42. 〔明〕笑笑生,《金瓶梅》,台北:文化圖書公司,1972 年。

43. 〔明〕吳敬梓,《儒林外史》,台北:台灣書房,2007 年。

44. 〔明〕黃省曾,《吳風錄》。收錄於《中國風土志》,揚州:廣陵書社,2003 年。

45. 〔明〕張瀚,《松窗夢語》,北京:中華書局,1985 年。

46. 〔明〕張岱,《張岱詩文集》,上海:上海古籍出版社:1991 年。

47. 〔明〕張岱,《陶庵夢憶》,台北:金楓出版社,1986 年。

48. 〔明〕謝肇淛,《五雜俎》。收錄於《歷代筆記小說集成》,石家莊:河北教育出版社,1995 年,24 冊。

49. 〔明〕顧起元,《客座贅語》北京:中華書局,1987 年。

50. 〔清〕文震亨,《長物志》。收錄於《中國歷代美術典籍匯編》,天津:天津古籍出版社,1997 年。

51. 〔清〕王韜,《瀛壖雜志》。收錄於《叢書集成三編》,台北:新文豐出版社,1996 年。

52. 〔清〕朱應鎬,《楹聯新話》,收錄於梁章鉅,《楹聯叢話‧附新話》北京:中華書局,1987 年。

53. 〔清〕阮元,《揅經室集》,北京:中華書局,1993 年。

54. 〔清〕李漁,《閒情偶記》。收錄於《李漁全集》,台北:成文出版社,1970 年。

55. 〔清〕李斗,《揚州畫舫錄》,台北:世界書局,1963 年。

56. 〔清〕李光地等,《御定月令輯要》。收錄於《文淵閣四庫全書》,台北:台灣商務印書館,1986 年。

57. 〔清〕昭槤,《嘯亭續錄》。收錄於《筆記小說大觀》,台北:新興書局,1984 年。

58. 〔清〕吳騫,《桃溪客語》。收錄於《叢書集成新編》,台北:新文豐出版社,1985 年,第 95 冊,史地類。

59. 〔清〕金鰲,《金陵待徵錄》,台北:成文出版社,1983 年。

60. 〔清〕沈復,《浮生六記》,北京:作家出版社,1996 年。

61. 〔清〕屈大均,《廣東新語》,北京:中華書局,1985 年。

62. 〔清〕冒襄,《影梅庵憶語》,台北:世界書局,1995 年。

63. 〔清〕秦榮光,《上海縣竹枝詞》。收錄於《中國風土志》,揚州:廣陵書社,2003 年。

64. 〔清〕邵長蘅，《邵子湘全集》。收錄於《四庫全書存目叢書》，集部，第248冊。

65. 〔清〕徐珂，《清稗類鈔》，上海：誠成文化出版社，1996年。

66. 〔清〕孫原湘，《天眞閣集》。收錄於《續修四庫全書》，台北：四庫全書編纂處暨中國學術史研究所，1965年，487冊，集部。

67. 〔清〕康發祥，《海陵竹枝詞》。收錄於《歷代竹枝詞》，西安：陝西人民出版社，2003年，第3冊，戊編。

68. 〔清〕陳燦，《西湖竹枝詞》。收錄於《歷代竹枝詞》，西安：陝西人民出版社，2003年。

69. 〔清〕陳祁，《清風涇竹枝詞》。收錄於《歷代竹枝詞》，西安：陝西人民出版社，2003年。

70. 〔清〕陳作霖，《金陵物產風土志》。收錄於《金陵瑣志九種》，南京：南京出版社，2008年。

71. 〔清〕陳鼎，《滇遊記》。收錄於《叢書集成簡編》，台北：台灣商務印書館，1965年，第79冊。

72. 〔清〕陳元龍，《格致鏡原》，揚州，江蘇古籍出版社，1987年。

73. 〔清〕彭定求等編，《全唐詩》，河南：中州古籍出版社，1996年。

74. 〔清〕袁枚，《小倉山房詩文集》，台北：廣文書局，1972年。

75. 〔清〕袁學瀾，《續姑蘇竹枝詞》。收錄於《歷代竹枝詞》，西安：陝西人民出版社，2003年，第3冊。

76. 〔清〕袁學瀾，《吳郡歲華紀麗》，南京：江蘇古籍出版社，1998年。

77. 〔清〕袁枚，《續子不語》。收錄於《筆記小說大觀》，台北：新興出版，1973年。

78. 〔清〕張自烈，《正字通》。收錄於《四庫全書存目叢書》，台南：莊嚴文化，1997年，第198冊。

79. 〔清〕張春華，《滬城歲事衢歌》。收錄於《叢書集成續編》，台北：新文豐出版社，1989年，第224冊，史地類。

80. 〔清〕紐秀，《觚賸》，台北：中興圖書出版，1957年。

81. 〔清〕曹雪芹，《紅樓夢》，台北：聯經出版社，2010年。

82. 〔清〕富察敦崇，《燕京歲時記》，台北：廣文書局，1969年。

83. 〔清〕黃式權，《淞南夢影錄》，上海：上海古籍出版社，1989年。

84. 〔清〕劉崑，《南中雜說》。收錄於《叢書集成新編》，台北：新文豐出版社，1985年，第94冊，史地類。

85. 〔清〕錢泳，《履園叢話》，台北：大立出版社，1982年。

86. 〔清〕趙翼，《甌北集》，上海：上海書局出版社，1997年。

87. 〔清〕楊光輔,《淞南樂府》。收錄於《叢書集成新編》,台北:新文豐出版社,1985 年,第 95 冊。

88. 〔清〕葛元煦,《滬遊雜記》,上海:上海書店出版社,2006 年。

89. 〔清〕潘榮陛,《帝京歲時紀勝》。收錄於《明清筆紀史料叢刊》,北京:中國書店,2000 年。

90. 〔清〕羅天尺,《五山志琳》。收錄於《嶺南遺書》,台北:藝文印書館,1968 年。

91. 〔清〕德齡,《御香縹緲錄》,上海:百新出版社,1949 年。

92. 〔清〕顧祿,《桐橋倚櫂錄》,上海:上海古籍出版社,1980 年。

93. 〔清〕顧祿,《清嘉錄》,南京:江蘇古籍出版社,1999 年。

(二) 食譜類

1. 〔宋〕林洪,《山家清供》,北京:中華商業出版社,1985 年。

2. 〔元〕忽思慧,《飲膳正要》,北京:中國商業出版社,1988 年。

3. 〔明〕朱肱,《酒經》。收錄於《筆記小說大觀》,台北:新興書局,1978 年,第六冊。

4. 〔明〕高濂,《遵生八箋》,四川:巴蜀書社,1992 年。

5. 〔明〕劉基,《多能鄙事》,上海:榮華書局,1917 年。

6. 〔明〕龍遵敘,《飲食紳言》,北京:中國商業出版社,1989 年。

7. 〔明〕顧元慶,《茶譜》。收錄於《續修四庫全書》,上海:上海古籍出版社,1995 年,子部,譜錄類。

8. 〔清〕小四海堂主人,《饌書》,收藏於中華飲食文化基金會圖書館。

9. 〔清〕王士雄,《隨息居飲食譜》,北京:中國商業出版社,1985 年。

10. 〔清〕朱彝尊,《食憲鴻秘》,北京:中華商業出版社,1985 年。

11. 〔清〕李化楠,《醒園錄》,北京:中華商業出版社,1984 年。

12. 〔清〕佚名,《調鼎集》,北京:中華商業出版社,1986 年。

13. 〔清〕袁枚,《隨園食單》,台北:海鷗出版社,2007 年。

14. 〔清〕曹庭棟,《養生隨筆》,北京:中華商業出版社,1986 年。

15. 〔清〕管幹珍,《食品拾遺》,收藏於中華飲食文化基金會圖書館。

16. 〔清〕黃云鵠,《粥譜》,北京:中華商業出版社,1986 年。

17. 〔清〕薛寶辰,《素食說略》,北京:中華商業出版社,1984 年。

18. 〔清〕顧仲,《養小錄》,北京:中華商業出版社,1984 年。

19. 〔清〕〈乾隆四十八年節次照常膳底檔〉。收錄於中國第一歷史檔案館編,《清代檔案史料叢編》,北京:中華書局,1984 年,第十輯。

20. 〔清〕《衍聖公府檔案》。收錄於趙榮光，《天下第一家衍聖公府食單》，哈爾濱：黑龍江科學技術出版社，1992 年。

21. 〔民國〕圓山大飯店，《圓山經典食錄》，台北：漢光文化網路事業，2010 年。

（三）醫書類

1. 〔戰國〕《黃帝內經》。收錄於《中國醫學名著珍品全書》，河北：遼寧科學技術出版社，1995 年。

2. 〔唐〕孫思邈，《備急千金藥方》。收錄於《中國醫學名著珍品全書》，河北：遼寧科學技術出版社，1995 年。

3. 〔明〕李時珍，《本草綱目》。收錄於《景印文淵閣四庫全書》，第 79 冊，子部，醫家類。

4. 〔明〕李時珍，《本草綱目》，台北：國立中國醫藥研究所，1976 年。

（四）園藝譜錄類

1. 〔晉〕稽含，《南方草木狀》。收錄於《叢書集成新編》，第 44 冊。

2. 〔北魏〕賈思勰，《齊民要術》。收錄於《景印摛藻堂四庫全書薈要》，台北：世界書局，1988 年，第 13 冊，子部，農家類。

3. 〔宋〕孔武仲，《芍藥譜》。收錄於《清江三孔集》，南昌：江西教育出版社，2004 年。

4. 〔宋〕歐陽修，《洛陽牡丹記》。收錄於《景印文淵閣四庫全書》，台北：台灣商務印書館，1986 年，第 151 冊，子部，譜錄類。

5. 〔明〕王象晉，《群芳譜》，北京：農業出版社，1985 年。

6. 〔清〕方時軒，《樹蕙編》。收錄於《叢書集成續編》，台北：新文豐出版社，1989 年，第 79 冊，子部。

7. 〔清〕汪灝，《廣群芳譜》，台北：華嚴出版社，1994 年。

8. 〔清〕計楠，《菊說》。收錄於《叢書集成續編》，台北：新文豐出版社，1989 年，第 79 冊，子部。

9. 〔清〕計楠，《牡丹譜》。收錄於《叢書集成續編》，台北：新文豐出版社，1989 年，第 79 冊，子部。

10. 〔清〕徐石麟，《花傭月令》。收錄於《叢書集成續編》，台北：新文豐出版社，1989 年，第 91 冊。

11. 〔清〕徐學敏，《鳳仙譜》。收錄於《叢書集成續編》，台北：新文豐出版社，1989 年，第 79 冊，子部。

12. 〔清〕吳其濬，《植物名實圖考長編》，台北：世界書局，1975 年。

13. 〔清〕陸廷燦，《藝菊志》，收錄於《續修四庫全書》，上海：上海古籍出

版社，1995 年，第 116 冊，子部，譜錄類。

14. 〔清〕陳淏子，《花鏡》，北京：農業出版社，1962 年。

15. 〔清〕袁世俊，《蘭言述略》，台北：廣文書局，1976 年。

16. 〔清〕紐琇，《亳州牡丹述》。收錄於《叢書集成續編》，台北：新文豐出版社，1985 年，第 83 冊，自然科學類。

（五）方志類

1. 〔明〕胡容，《威縣志》。收錄於《天一閣藏明代方志選刊續編》，上海：上海書店，1990 年，第 2 冊。

2. 〔明〕張時徹，《定海縣志》。收錄於《天一閣藏明代方志選刊續編》，上海：上海書店，1990 年，第 29 冊。

3. 〔明〕韓玉纂，《通許縣志》，收錄於《天一閣藏明代方志選刊續編》，上海：上海書店，1990 年，第 58 冊。

4. 〔清〕莫祥芝、甘紹盤修，汪士鐸纂，《上江兩縣志》，台北：成文出版社，1970 年。

5. 〔清〕陳其元，《青浦縣志》，台北：成文出版社，清光緒五年刊本。

6. 〔清〕李澐，《陽江縣志》，台北：成文出版社，清光緒三十年刊本。

7. 〔清〕王屢謙，《安陸縣志》，台北：成文出版社，清道光二十三年刊本。

8. 〔清〕鄭鍾祥，光緒《陽江縣志》，台北：成文出版社，清道光二年刊本。

9. 〔清〕李銘皖修，馮桂芬纂，《蘇州府志》，台北：成文出版社，1970 年。

10. 〔清〕李衛，《西湖志》，台北：成文出版社，1983 年。

11. 〔清〕阿克當阿修，姚文田纂，《揚州府志》，台北：成文出版社，嘉慶十五年刊本。

12. 〔清〕黃庭金，《瑞州府志》，台北：成文出版社，嘉慶十五年刊本。

13. 〔清〕李福泰修，史澄纂，《番禺縣志》，台北：成文出版社，1871 年。

14. 〔清〕檀萃，《滇海虞衡志》，收錄於《叢書集成新編》，台北：新文豐出版社，1985 年。

15. 〔清〕崔華、張萬壽纂修，《揚州府志》，台南：莊嚴文化，1996 年

16. 〔清〕許治修，沈德潛、顧詒祿纂，《元和縣志》，南京：鳳凰出版社，2008 年。

17. 〔民國〕吳馨修、姚文枏纂，《上海縣續志》，台北：成文出版社，1918 年。

18. 〔民國〕龔嘉儁修，李榕纂，《杭州府志》，台北：成文出版社，1922 年。

二、專書

1. 王學泰，《中國飲食文化史》，桂林：廣西師範大學出版社，2006 年。

2. 王學太，《中國人的飲食世界》，香港：中華書局，1989 年。

3. 王明德、王子輝，《中國古代飲食》，陝西：人民出版社，1988 年。

4. 王仁興，《中國飲食談古》，北京：輕工業出版社，1985 年。

5. 王仁湘，《往古的滋味——中國飲時的歷史與文化》，濟南：山東畫報出版社，2006 年。

6. 王仁湘，《飲食之旅》，台北：台灣商務印書館，1993 年。

7. 王仁湘，《飲食與中國文化》，北京：人民出版社，1994 年。

8. 王爾敏，《明清社會文化生態》，台北：台灣商務印書館，1997 年。

9. 王毓瑚，《中國農學書錄》，北京：中華書局，2006 年。

10. 王琦珍編，《楊萬里詩文集》，南昌：江西人民出版社，2006 年。

11. 孔凡禮點校，《蘇軾文集》，北京：中華書局，1986 年。

12. 孔慶萊主編，《植物學大辭典》，上海：商務印書館，1983 年。

13. 朱寶鏞，《中國酒經》，上海：上海文化出版社，2000 年。

14. 台灣商務印書館編審委員會主編，《辭源》，台北：台灣商務印書館，1915 年。

15. 任百尊，《中國食經》，上海：上海文化出版社，1999 年。

16. 李志炎、林正秋編，《中國荷文化》，浙江：浙江人民出版社，1995 年。

17. 周武忠，《中國花卉文化》，廣東：花城出版社，1992 年。

18. 林永匡、王熹，《清代飲食文化研究——美食、美味、美器》，哈爾濱：黑龍江教育出版社，1990 年。

19. 汪福寶，《中國飲食文化辭典》，安徽：安徽人民出版社，1994 年。

20. 行政院文化建設委員會編，《中國節日叢書‧重陽》，台北：行政院文化建設委員會，1995 年。

21. 章太炎，《易經論叢》，台北：廣文書局，1971 年。

22. 吳正格，《滿族食俗與清宮御膳》，遼寧：新華書店，1988 年。

23. 苑洪琪，《中國的宮廷飲食》，北京：商務印書館，1997 年。

24. 馬宏口，《中國飲食文化》，呼和浩特：內蒙古人民出版社，1992 年。

25. 姚海揚，《中國孔府菜》，深圳：海天出版社，2008 年。

26. 巫仁恕，《品味奢華——晚明的消費社會與士大夫》，台北：中央研究院，2007 年。

27. 姜超，《實用中醫營養學》，北京：新華書店，1985 年。

28. 高海夫、金性堯編，《陶淵明》，台北：地球出版社，1993 年。

29. 陳素貞，《北宋文人的飲食書寫──以詩歌爲例的考察》，台北：大安出版社，2007。

30. 陳俊愉、程緒珂編，《中國花經》，上海：上海文化出版社，1990 年。

31. 陳威伯、施靜宜，《餐芳譜》，台北：城邦出版社，2015 年。

32. 陳慶元等校注，《蔡襄全集》，福建：福建人民出版社，1999 年。

33. 陳久金、盧蓮容，《中國節慶及其起源》，上海：上海科技教育出版社，1989。

34. 彭定求，《全唐詩》，河南：中州古籍出版社，1996 年。

35. 張淑瓊編，《白居易》，台北：地球出版社，1990 年。

36. 張宏庸，《茶與花》，台北：茶學文學出版社，1987 年。

37. 張之傑編，《百科大辭典》，台北：名揚出版社，1986 年。

38. 趙榮光，《中國古代庶民飲食生活》，台北：台灣商務印書館，1998 年。

39. 趙榮光，《天下第一家衍聖公府食單》，哈爾濱：黑龍江科學技術出版社，1992 年。

40. 趙榮光，《衍聖公府檔案食事研究》，濟南：山東畫報出版社，2007 年。

41. 伊永文，《明清飲食研究》，台北：洪葉文化，1997 年。

42. 何小顏，《花的檔案》，台北：台灣商務印書館，1999 年。

43. 徐海榮，《中國飲食史》，北京：華夏出版社，1999 年。

44. 竟鴻，《南方飲食掌故》，天津：百花文藝出版社，2004 年。

45. 黃仁軻、朱懷春校點，《蘇軾詩集合注》，上海：上海古籍出版社，2001 年。

46. 雷飛鴻主編，《辭源》（上海：商務印書館，1933 年）。

47. 廖盛春編，《二十四史成語典故》，廣西：廣西民族出版社，2008 年。

48. 程兆熊，《中華園藝史》，台北：台灣商務印書館，1985 年。

49. 楊永良，《中醫食療學》，北京：中國醫藥科技出版社，1992 年。

50. 楊吉成編，《中國古代飲食辭典》，台北：常春樹書坊，1989 年。

51. 楊景震，《中國傳統歲時節日風俗》，西安：西北大學出版社，2006 年。

52. 楊琳，《節日中國·重陽》，北京：三聯書店，2009 年。

53. 錢伯文、孟仲法、陸漢明、沈家麒，《中國食療學》，上海：科學技術出版社，1987 年。

54. 羅中峰，《中國傳統文人審美生活方式之研究》，台北：洪葉文化事業，2001 年。

55. 譚天星，《御廚天香——宮廷飲食》，昆明：雲南人民出版社，1992 年。

56. 韓養民、郭興文，《中國古代節日風俗》，西安：陝西人民出版社，2002。

57. 劉云嶢，《中國歷代食療進補養生大觀》，上海：文匯出版，1994 年。

58. 蕭家成，《昇華的魅力：中華民族酒文化》，北京：華齡出版社，2007 年。

三、期刊論文

1. 王至堂，〈秦漢時期匈奴族提取植物色素技術考略〉，《自然科學史研究》，1993 年，12 卷 4 期，頁 355～359。

2. 王星光、高歌，〈中國古代花卉飲食考略〉，《農業考古》，2006 年，1 期，頁 192。

3. 古丰，〈人工促成栽培法——唐花術〉，《農業考古》，第 2 期，1988 年 12 月，頁 329。

4. 周肇基，〈中國嫁接技術的起源與演進〉，《自然科學史研究》，13 卷 3 期，1994 年，頁 265～272。

5. 周肇基，〈花城廣州及芳村花卉業的歷史考察〉，《中國科技史料》，1995 年，16 卷 3 期，頁 5。

6. 周嘉華，〈中國蒸餾酒源起的史料辨析〉，《自然科學史研究》，1995 年，14 卷 3 期。

7. 辛樹幟，〈我國果樹歷史的研究〉，收錄於《中國果樹史研究》，1983 年 7 月，1 版。

8. 邱仲麟，〈花園子與花樹店——明清江南的花卉種植與園藝市場〉，《中央研究院歷史語言研究所集刊》，78 卷 3 期，2007 年 9 月，頁 473～552。

9. 邱仲麟，〈明清江南的蘭花貿易與蘭花炒作〉，發表於中央研究院臺灣史研究所主辦「第二屆臺灣商業傳統國際學術研討會——工作坊第四次座談會」，臺北：中央研究院臺灣史研究所，2009 年 11 月 20 日。

10. 邱仲麟，〈明清江浙文人的看花局與訪花活動〉，《淡江史學》，2007 年 9 月，第 18 冊，頁 86～87。

11. 汪菊淵，〈我國園林最初形式的探討〉，《園藝學報》，1965 年，四卷，二期，頁 101～106。

12. 舒迎瀾，〈我國古代的花卉栽培〉，《自然科學史研究》，9 卷 4 期，1990 年 9 月，頁 209～210。

13. 經盛鴻，〈從《紅樓夢》談明清官場吃喝風〉，《歷史月刊》，60 期，頁 68～77。

14. 孫云蔚，《中國果樹史與果樹資源》（上海：上海科技出版社，1983 年），頁 31。

15. 施洪飛、項平、唐善永，〈藥膳配伍規律和烹飪特點研究〉，《中醫藥雜誌》，

12 卷 2 期，2001 年 6 月，頁 99。

16. 黃韶顏、李寧遠，〈中國傳統增強體能飲食之研究〉，《中華家政》，21 期，1992 年 12 月，頁 131～164。

17. 黃滿仙，〈略述唐代花卉業的發展〉，《農業考古》，1987 年 12 月，2 期，頁 304。

18. 葉靜淵，〈我國明清時期的花卉栽培〉，《農業考古》，2 期，1987 年 12 月，頁 308～315。

19. 趙峰元，〈從《浮生六記》中看清中葉的飲食生活——兼論沈復的飲食美學原則〉，《商業研究》，1985 年第 12 期，頁 339。

20. 趙榮光，〈中國古代飲食文化十美風格述析〉，收錄於《首屆中國飲食文化國際研討會論文集》，1991 年。

21. 楊玲玲，〈中醫食補與體質〉，《第二屆中國飲食文化學術研討會論文集》，台北：中國飲食文化基金會，1993 年 12 月。

22. 劉儀初，〈論中國食醫同源的產生及其營養學價值〉，《第三屆中國飲食文化學術研討會論文集》，台北：中國飲食文化基金會，1994 年 12 月。

23. 饒宗頤，〈從出土資料談古代養生與服食之道〉，《第五屆中國飲食文化學術研討會論文集》，台北：中國飲食文化基金會，1998 年 6 月。

24. 魏露苓，〈明清植物譜錄中的農林園藝技術〉，《農業考古》，1999 年 3 期，頁 230。

25. 嚴奇岩，〈淺談明清雲南觀賞花卉資源的開發〉，《農業考古》，2003 年 3 期，頁 230。

26. 熊四智，〈中國傳統烹飪技術十論〉，收錄於《烹飪理論》（中國商業出版社，1987 年），頁 67。